Sie Vollpfosten!

André Meinunger

Sie Vollpfosten!

Gepflegte Beleidigungen für jeden und jede

Mit Cartoons von Pascal Heiler

Dudenverlag
Berlin

Bibliografische Information der Deutschen Nationalbibliothek
Die Deutsche Nationalbibliothek verzeichnet diese Publikation in der Deutschen Nationalbibliografie; detaillierte bibliografische Daten sind im Internet über http://dnb.dnb.de abrufbar.

D C B A
Bibliographisches Institut GmbH, Mecklenburgische Straße 53, 14197 Berlin

Redaktion Juliane von Laffert
Lektorat Andreas Thamm
Herstellung Maike Häßler
Layout und Satz Burga Fillery, Berlin
Umschlaggestaltung Groothuis, Hamburg
Umschlagabbildung © Pascal Heiler, www.hametschu.de
Druck und Bindung AZ Druck und Datentechnik GmbH, Heisinger Straße 16, 87437 Kempten

Printed in Germany
ISBN 978-3-411-74525-8
www.duden.de

INHALTSVERZEICHNIS

6

Eine kleine Theorie des Schimpfens und Beleidigens

Alle von uns schimpfen, beleidigen und fluchen. Schon deshalb hat auch jeder eine Vorstellung davon, was Schimpfen ist. Üblicherweise bezeichnet es eine meist lautstarke verbale Aktivität von Menschen, die bei Verärgerung auftritt oder diese nur vorgibt. Akademiker haben eine Wissenschaft daraus gemacht: die Malediktologie, eine Forschungsrichtung an der Schnittstelle von Psychologie und Linguistik, die zwar beständig mehr Beachtung findet, aber immer noch ein Schattendasein führt. Als Begründer gilt der aus Bayern stammende Deutsch-Amerikaner Reinhold Aman. In vielen der nicht übermäßig zahlreichen wissenschaftlichen Schriften zum Schimpfen und Beleidigen findet man immer noch seine Definition bzw. seinen Erklärungsversuch: »Das Schimpfen ist ein Angriffsakt durch abwertende, beleidigende Worte. Es ist, psychologisch gesehen, das Endglied einer dreigliedrigen Kausalkette (...) Aufs Äußerste reduziert, sieht diese Kette folgendermaßen aus: Frustration (Ursache) → Affekt (Erregung) → Aggression (Schimpfen).« (Aman 1972)

Schimpfen ist etwas sehr Archaisches und Ursprüngliches. In seinen primitiven Formen gehört es zu den ersten Sprechakten – des einzelnen Menschen genauso wie der Gattung Mensch. Ein Baby oder ein Kleinkind äußert sein Unwohlsein oder Unbehagen schon sehr früh lautstark und auch der frühe Mensch gab mit Sicherheit aggressive Äußerungen von sich – in Gesten, aber auch in lautlichen Äußerungen. Schimpfen ist ein Sprechakt, der nicht notwendigerweise auf komplexen Ausdrücken beruht. Kennzeichnend für menschliche Sprache ist das spezielle Kombinieren von sprachlichen Einheiten. Gewöhnlich beinhaltet ein minimaler Sprechakt ein Subjekt und ein Prädikat. Im normalen Aussagesatz wird etwas (Prädikat) über einen Satzgegenstand (Subjekt) ausgesagt; in einer Frage wird auf etwas zu Ergänzendes verwiesen, das in der Antwort erfolgen soll; ein Aufforderungssatz beinhaltet, dass jemand (Subjekt) etwas tun (Prädikat) soll. Wenige Sprechakte sind nicht in dieser Art zweigliedrig, also komplex. Dazu gehören holistische Warnungen wie »Feuer!« oder (Zu-)Rufe wie »Ingrid!« sowie viele Beschimpfungen und Flüche: »Arschloch!«, »Mist!«. Aufgrund der strukturellen Einfachheit dieser Kommunikationstypen neigt man gelegentlich dazu, diese als simpel anzusehen.

Schimpfen ist allerdings meist komplexer, als man denkt, und trägt deutliche Zeichen von Kultur. Kultur ist ebenso wie Sprechen – und Schimpfen ist Sprechen – ein Alleinstellungsmerkmal des Homo sapiens. Verhaltensbiologen interpretieren das Schimpfen als eine besondere Form des Drohens, das eine Verhaltensweise vieler höherer Lebewesen ist. Allerdings kann und tut das menschliche Schimpfen mehr als das reine Drohen. Schimpfen ist ein Überbegriff für Handlungen wie fluchen, verbal einschüchtern, beschimpfen, beleidigen, verhöhnen und Ablehnung zum Ausdruck bringen. Verbales Einschüchtern entspricht dem Drohen, das auch unter Tieren zu finden ist. Fluchen kann reiner Aggressionsabbau ohne irgendeinen Adressaten sein. Zwar kann man jemanden verfluchen, aber das einfache, befreiende und oft unbewusste Kommentieren eines Missgeschicks wie in »Verdammt!« oder »Scheiße!« muss sich weder an einen Kommunikationspartner richten noch ist ein Drohen dabei. Auch ein Schimpfen über Dritte ist möglich. Das Verwenden von abwertenden Ausdrücken, die Bezeichnung Nichtanwesender mit beleidigenden Schimpfwörtern hat ebenfalls nichts mit Drohen zu tun.

Schimpfen und Beleidigen ist also mehr als Drohen. Damit es gelingt, muss die Sprache bestimmte Eigenschaften aufweisen, vor allem muss sie über Wörter, manchmal auch komplexere Ausdrücke verfügen, die Emotionen hervorrufen können. Solche Wörter sind Schimpfwörter.

In der Regel stammen Schimpfwörter aus Tabubereichen. Das Wort »Tabu« stammt aus Sprachen vorkolonialer Südseevölker und bedeutet ursprünglich so viel wie »heilig«, »unantastbar« und davon abhängig auch »unsagbar«, »unaussprechbar«. Der einflussreiche Begründer der Psychoanalyse, Sigmund Freud, schrieb in seinem berühmten Werk »Totem und Tabu«: »Die Tabuverbote entbehren jeder Begründung, sie sind unbekannter Herkunft; für uns unverständlich, erscheinen sie jenen selbstverständlich, die unter ihrer Herrschaft leben.« Auch wenn wir heute wie Freud Tabus gern als primitiv und lächerlich hinstellen, gibt es sie selbstverständlich auch in unserer Gesellschaft. Zum Beispiel essen wir kein Menschenfleisch, wir verrichten weder öffentlich unsere Notdurft noch haben wir Geschlechtsverkehr in der Öffentlichkeit. Auch Krankheit, Tod und Hygiene, selbst in der Regel der Schlaf, finden bei uns im nicht öffentlichen Raum statt. Auch das öffentliche Reden über Menstruation oder Masturbation, bestimmte körperliche und geistige Gebrechen, über das eigene Einkommen und Vermögen ist ganz wenigen, meist wissenschaftlich oder politisch-wirtschaftlich motivierten Situationen vorbehalten. Und auch Political Correctness hat viel mit Tabus zu tun, denn wir vermeiden negative Begriffe wie »Krüppel« oder »dumm« und wählen dafür »korrektere« Begriffe wie »Behinderte« oder »geistig herausgefordert«. Wir haben all diese Konventionen so verinnerlicht, dass Verstöße verstörend wirken. Und genau das macht sich der Wortschatz einer Sprache zunutze: Schimpfwörter sind zum Großteil Ausdrücke aus Tabubereichen und daher oft alles andere als politisch korrekt.

Die meisten wissenschaftlichen Untersuchungen klassifizieren Schimpfwörter nach sogenannten Quellbereichen, also nach Gebieten oder Komplexen, mit denen wir zu tun haben, in denen wir uns bewegen oder die uns bewegen. Hier werden in der Regel genannt: der skatologische Bereich, also alles auf Exkremente und Fäkalien Bezogenes wie Arsch, Scheiß..., Piss... Weiterhin einschlägig ist ganz klar der sexuelle Bereich: Fotze, Hure, Fick..., (Schlapp-)Schwanz, Wichser, Schwuchtel. Weniger bedeutend ist im deutschen Sprachraum der religiöse Bereich: (zum) Teufel, Kruzifix, Hexe, verflucht. In anderen Kulturen, in denen Glaube und Religion fester verankert und deshalb stärker tabuisiert sind, haben Kraftausdrücke religiöser Herkunft eine viel weitere Verbreitung. Ziemlich unbedeutend im Deutschen ist auch die vierte Gruppe: die der krankheitsbezogenen Ausdrücke. Nur spurenweise lassen sich Beispiele finden: Pest(beule), Krätze, Schuft, vielleicht auch Alki. Diesem Bereich lässt sich jedoch der ganze Komplex der körperlichen und geistigen Mängel zurechnen, der wiederum sehr produktiv und prominent im Deutschen ist: Spast(i), Idiot, Hirni, Mongo, Fettsack. Aus der diachronen Lexikologie, die die Entwicklung eines Wortschatzes in der Geschichte untersucht, wissen wir, dass häufig Ausdrücke, die ursprünglich körperliche Unzulänglichkeiten bezeichneten, später geistige Schwächen benannten: So hieß etwa »blöd« (Blödmann) früher »schwach« und »doof« (Doofi) meinte »taub«. Ein besonders großer Quellbereich ist ohne Zweifel das Tierreich: Ochse, Esel, Schlange, dumme Gans, Kuh, Zicke, Sau. Tiere, zumal Haustiere, stellen erst einmal kein Tabu dar. Allerdings ist das »Zum-Tier-Machen« eines Menschen ganz klar eine Erniedrigung, das Unterstellen eines »Mit-und-unter-Tieren-Lebens« ebenfalls, und der Geschlechtsverkehr mit Tieren ist ganz deutlich ein extremes Tabu. Ein Quellbereich, den man seltener findet, kann im weitesten Sinne als »rassistisch« beschrieben werden. Gemeint ist das verbale Erniedrigen anderer, also aller Menschen, die nicht zur eigenen Gruppe gehören. Das kann die Nationalität (Spaghettifresser, Polacke, Piefke, Kümmeltürke, Besserwessi), die Religion (Jude, Judas, Islamist, selbst Christ unter migrantischen Jugendlichen) und die Ethnie (Nigger, Bimbo, Kaffer, Schlitzauge) betreffen. Hierher gehört auch die Diskussion zur politischen Korrektheit von Wörtern wie Neger, Zigeuner oder Eskimo. Sie ist unschön, belastet, heikel und erzeugt bei vielen ein Unbehagen. Was dabei vergessen wird: Schimpfwörter, beleidigende Ausdrücke und Flüche haben auch neutrale und positive Aspekte.

Die meisten Schimpfwörter sind von ihrem Ursprung her keine beleidigenden Ausdrücke. »Hure« zum Beispiel geht auf eine Wurzel zurück, die in Vorzeiten »lieb«, »teuer« bedeutete. Aufgrund der Nähe zwischen geistig-emotionaler und körperlich-erotischer Liebe wurde der Begriff auf das Sexuelle und schließlich auch auf die gesellschaftlich stigmatisierte Prostitution übertragen. So hat das Wort dann die stark abwertende Konnotation erhalten. »Blödmann« hat die Bestandteile »blöd« und »Mann«. »Mann« ist heute noch neutral (anders als »Weib«) und »blöd« hieß, wie schon gesagt, früher »schwach« und wurde auch nicht negativ verstanden. Durch den Bedeutungswandel zu »geistig minderwertig« entstand das heutige Schimpfwort. Ganz deutlich wird die Abhängigkeit vom Kontext bei Ausdrücken wie »Gans« und »Schwein«. Wenn das Haustier oder der Braten gemeint ist, dann ist nicht die geringste Negativbedeutung dabei. Erst im Kontext wird der Tiername zum Schimpfwort.

Eine wichtige Einteilung von Schimpfwörtern, die diesen letzten Aspekt besonders berücksichtigt, findet man bei Oksana Havryliv (Havryliv 2003). Sie nennt die Wörter, die gar nicht anders als abwertend gebraucht werden können, »einschätzende Pejorativa«; dazu gehören etwa »Schlampe«, »Arschloch« oder »Säufer«. »Affektiva« nennt sie diejenigen Ausdrückte, die erst durch den Sprecher und in der Situation zu beleidigenden Ausdrücken werden; sie nennt »Bohnenstange« und »(alte) Schachtel« als Beispiele. Daneben kann man Ausdrücke auch danach klassifizieren, ob der Ausdruck direkt der Beleidigung dient oder nur eine negative Beurteilung durch den Sprecher transportiert. Gesten sind immer an einen Adressaten gerichtet oder auch Flüche wie »Fick dich!«. Fast sämtliche hier vorgestellten Schimpfwörter sind allerdings auch indirekt zu gebrauchen: »Ich hab das Arschloch gestern getroffen.« »Die Schlampe hat mein Handy kaputt gemacht.« Manche gehören fast notwendigerweise in diese Kategorie: Man kann sich nur schwerlich eine Situation vorstellen, in der jemand mit Wörtern wie »Fuzzi«, »Kollegenschwein«, »Töle«, »Intelligenzverweigerer« oder »Rückbankanschnaller« direkt beleidigt und beschimpft wird.

Hier im Buch wird eine eher unwissenschaftliche Klassifikation nach Lebensbereichen verfolgt. Aber auch die ist gerechtfertigt und wird in manchen akademischen Werken ähnlich vorgenommen. Der Linguist spricht von Wortfeldern oder auch von sogenannten Frames: Wörtern, Begriffen, Wortgruppen, Konstruktionen, die aus inhaltlich semantischer Perspektive zusammengehören. Lebensbereiche, die uns emotional involvieren, sind besonders verdächtig, Schimpfwörter hervorzubringen. Und natürlich sind Beziehung und Partnerschaft, Schule und Arbeit, der Straßenverkehr, unsere tägliche Konfrontation mit klugen und dummen, schönen und hässlichen Menschen und nicht zuletzt unsere Beziehung zu unseren Nachbarn solche Bereiche, die unsere Gefühle sehr fordern.

Schimpfen mag erst einmal negativ belegt sein. Niemand will beschimpft werden. Ein schimpfender Mensch erscheint unkontrolliert, aggressiv, unfähig zur Besonnenheit und Reflexion. Schimpfen ist aber viel besser als sein Ruf. Psychologen, Mediziner und malediktologisch bewanderte Sprachwissenschaftler sind sich einig: Schimpfen baut Aggressionen ab. Es ist seinem Wesen nach eine Ersatzhandlung für körperliche Gewalt. Schimpfen – wenn es dabei bleibt und nicht den Auftakt zu einem tätlichen Angriff bildet – muss als ein Sieg der Kultur über die Natur gewertet werden. Angestauter Druck nimmt Sprache statt Körperkraft als

Ventil, rohe brachiale Gewalt wird sublimiert. Nun mag man einwenden, auch Sprache könne verletzen. Und seelische Qualen seien bisweilen schlimmer als physische. Das stimmt nur bedingt. Wenn es tatsächlich so ist, dass eine Beschimpfung eine körperliche Verletzung verhindern kann, wäre sie in den meisten Fällen das kleinere Übel. Seelische Wunden entstehen zudem in der Regel nicht durch affektgeladene kurze Verbalattacken, sondern durch andere niederträchtige Gemeinheiten. Außerdem muss man unterscheiden, was gesagt wird und wie etwas gesagt wird. Seelische Qualen entstehen in erster Linie durch den Inhalt einer Botschaft (= was), die Form (= wie) ist zweitrangig. Ein Verlust oder Schmerz entsteht beispielsweise durch eine Kündigung oder das Beenden einer Beziehung. Ob die Worte dabei wohlgesetzt oder pietätlos beleidigend waren, kann in der Situation sicherlich einen nicht unerheblichen Effekt haben, die eigentliche Verletzung und das daraus folgende Leid entstehen jedoch durch die inhaltliche Bedeutung. Wird jemand kurz und bündig als »fette Sau« bezeichnet, ist die empfundene Beleidigung nicht viel größer, als wenn er mit den Worten abgewiesen wird: »Nicht falsch verstehen, aber mir sind schlanke Menschen lieber«. Die Spruchweisheit »Nett ist die kleine Schwester von Scheiße« macht deutlich, dass das eigentlich verletzende Element nicht die Wortwahl, also das Setzen einer bestimmten Wortform, sein muss. Schimpfen und Schimpfwörter betreffen nun aber die Form, die Erscheinung, die Oberfläche. Wenn man andere Menschen nicht verletzen, erniedrigen oder beleidigen will – und das sollte eine selbstverständliche Regel im gesellschaftlichen Miteinander sein –, muss man in erster Linie sein Handeln und den Inhalt seiner Äußerungen bedenken. Die Form ist nicht unwichtig, aber zweitrangig.

Und letztendlich: Bevor man sich zu schnell über den Sprachgebrauch empört, sollte man bedenken, dass beim Schimpfen Vieles unbewusst vonstatten geht. Sprachlicher Unmut bricht sich oft unkontrolliert Bahn und ist oft anders gemeint, als er klingt. Schimpfen ist zu einem großen

Teil auch eine biophysiologische, quasi körperliche und unbeeinflussbare Reaktion. Neue Messungen haben gezeigt, dass während des Schimpfens körperlicher Schmerz weniger stark empfunden wird (Bergen 2016). Wenn man lautstark flucht und schimpft, hält man Kälte oder mechanisch erzeugte Gewalt deutlich leichter aus.

Schimpfen und Beleidigen hat also viele gute Seiten. Nicht zuletzt fördert es auch unsere sprachliche Kreativität. Mudda-Sprüche (siehe Seite 53), ritualisierte, leicht variierbare Flüche, Schimpfwortmuster à la Warmduscher (siehe Seite 33), das Ausprobieren gewagter Metaphern, das Erfinden neuer Ausdrücke und Kombinationen, aber auch das Konservieren uralter Wörter oder »Quasi-Tabus« schärft und manifestiert unsere sprachliche Kompetenz und Kreativität.

ZICKEN UND MACHOS

Was sich Männer und Frauen gegenseitig an den Kopf werfen

VOLLHORST×A

Einleitung

Ein Kapitel zum Thema Streit zwischen Männern und Frauen, besonders zwischen den Protagonisten einer klassischen Partnerschaft, muss gar nicht erst versuchen, Klischees zu vermeiden. Das wäre ein quasi unmögliches Unterfangen. In Schimpfwörtern lebt sich das Klischee, das Vorurteil, regelrecht aus. Stereotype werden zum Generator von Sprache, zum kreativen Moment bei der Entstehung und Verbreitung von Schimpfwörtern. Das Spannungsfeld zwischen Frau und Mann war seit jeher eine nicht zu unterschätzende Triebkraft bei der Entwicklung von Kultur. Es gibt kaum ein größeres Kunstwerk, das nicht wenigstens einen Aspekt der Anziehung zwischen den Geschlechtern zum Thema hätte. Sprache, zumindest ein wesentlicher Teil von Sprache – der Wortschatz nämlich –, ist ein kulturelles Phänomen. Insofern sollte es nicht verwundern, dass das Mann-Frau-Verhältnis im emotionalsten und expressivsten Teil der Lexik, nämlich bei den Schimpfwörtern (und den hier nicht beachteten Kosewörtern), eine Schlüsselrolle innehat.

Zu großen Teilen hat der Schimpfwortbestand in Sachen Geschlechter etwas zutiefst Archaisches: Eine dumme Kuh oder eine Tussi muss eine Frau sein, ein Prahlhans, ein Ochse oder ein Chauvi ein Mann. Doch lassen sich auch fast moderne Facetten erkennen: Auf bestimmten Ebenen spielen Sexus und Genus eine unbedeutende oder gar keine Rolle. Das häufigste derbe Schimpfwort im Deutschen ist »Arschloch«. Grammatikalisch ist es ein Neutrum: *das* Arschloch, genauso wie *das* Schwein. Obwohl man beide Wörter im Allgemeinen eher mit einem Mann assoziiert, werden sie heute für beide Geschlechter verwendet. Zumindest, wenn es nicht anders geht. Obwohl grammatisch weiblich, kann eine Nervensäge, eine dumme Sau oder eine Spaßbremse genauso gut ein Mann sein und andererseits ein Kotzbrocken, ein Moralapostel oder ein Stinkstiefel eine Frau. Viele jüngere Sprecherinnen und Sprecher haben nicht einmal größere Probleme damit, einen Mann als »Zicke« oder sogar als »Bitch« zu bezeichnen. Ein 70-jähriger Journalist hat sich kürzlich »eine Mediennutte« genannt. Darüber hinaus gibt es sogar Fälle, in denen grammatisches und biologisches Geschlecht konträr sind: eine Memme, eine Tunte, eine Schwuchtel bezeichnen biologische Männer; ein Drache, ein Hausdrachen oder auch ein Blaustrumpf (veraltetes Schimpfwort für emanzipierte Frauen) sind weiblichen Geschlechts. Man sieht, bei Schimpfwörtern herrscht eine solche Vielfalt an Genus- und Sexusoptionen, dass es Gendertheorie Betreibende freuen könnte: Gerade im emotional aufgeladenen Bereich der Beleidigungen sind die Grenzen von männlich und weiblich unscharf und zerfließen zusehends. Möglicherweise passiert und funktioniert hier ganz natürlich und unabsichtlich in der Sprachgemeinschaft etwas, das in anderen Bereichen gendertechnisch künstlich wirkt und erzwungen werden muss oder soll. Vielleicht nimmt der Schimpfwortgebrauch die geschlechterbezogen offene und rundum gleichberechtigte Gesellschaft vorweg.

Im folgenden Kapitel allerdings geht es um typische, allgemeine, klischeebeladene Konstellationen: um vermeintlich starke Männer, um Machos und Chauvis, die sich mit Zicken und sonstigen hysterischen Weibern streiten; es geht um schwache Jungs, um Weicheier und Softies, um tatsächlich oder nur in der angstbeladenen Fantasie von Männern sexuell zügellose Frauen, es geht um bescheuerte Männer und beschränkte Frauen. Wie imaginär der Streit in diesem Kapitel auch scheinen mag – mit Sicherheit kann sich fast jeder daran erinnern, das eine oder andere Schimpfwort in der passenden Situation schon benutzt zu haben.

17

Die folgenden beleidigenden Ausdrücke kann man sich als eine Abfolge in einem Streit vorstellen: Sie: »Egoist!« Er: »Mimose.« Sie: »Du Macho!« Er: »Tussi« usw. Es handelt sich um eine Auseinandersetzung zwischen einem wirklich oder vermeintlich starken Mann und einer immer unbeherrschter werdenden Frau. Diese »erste Runde« endet bei Z wie Zicke. In der folgenden »Runde« werfen sich tatsächlich oder scheinbar schwache Männer und wirklich oder vermeintlich selbstbestimmte und starke, selbstständige Frauen Beleidigungen an den Kopf. Sie: »Schlaffi.« Er: »Schlampe.« Sie: »Du Niete!« Er: »Du Schlange!« Sie: »Loser!« usw. Die Streitenden schaukeln sich dabei hoch. Während »Schlaffi« noch als nur leicht provozierend und in positivem Sinne aufrüttelnd verstanden werden kann, wäre »Fotze« an verbaler Aggressivität kaum noch zu toppen. Ganz am Ende des Kapitels stehen sich ein paar Grundmuster als im Dauerstreit befindliche Gegensätze gegenüber.

THIPPE ZICKE

Die erste Runde beginnt: *ein (vermeintlich) starker Mann und eine immer wütender werdende Frau*

Egoist »Egoist« ist ein in Beziehungen – natürlich vor allem im Streit – oft und gern verwendetes Wort. Eine der beiden Streitparteien fühlt sich schließlich immer zu kurz gekommen, unverstanden, dominiert. Der Egoist ist einer, der tatsächlich oder gefühlt nur an sich denkt und den Partner oder die Partnerin kompromisslos übergeht. In den meisten Fällen, seien wir ehrlich, trifft diese Beschimpfung den Mann in einer Hetero-Beziehung. Der Egoist ist ein ichbezogener Mensch (von lateinisch *ego*, »ich«). Die eine Steigerungsform ist »Egomane«, die andere »Egozentriker«. Ganz ähnlich ist der »Narzisst«. Alle bezeichnen eine Person, die sich selbst mehr liebt als alles andere. Eigentlich abstoßend – dennoch schwingt auch Faszination mit. Immerhin hat eines der berühmtesten Modelabels einen seiner teuersten Herrendüfte so genannt.

Mimose Die Mimose ist eine tropische Pflanze, die auf Reize wie Berührung, Temperatur- oder Lichtänderung verhältnismäßig schnell und für den Menschen sichtbar reagiert: Sie klappt ihre Blätter zusammen. Sie ist also ein besonders empfindliches Pflänzchen und schnappt schnell ein, wenn ihr etwas unangenehm ist. Dieses Naturphänomen eignet sich natürlich hervorragend, um als Metapher in die Sprache zu gelangen. Mit »Mimose« oder gar »Mimöschen« bezeichnet man hoch- oder gar übersensible Menschen. »Mimose« sagt sich auch leicht im Streit, gern als Antwort auf eine vorausgegangene Beleidigung. Zeigt jemand Gefühle, macht er oder sie sich angreifbar. Wer sich mit einer Situation nicht abfinden will oder kann, wird als Person dargestellt, die wenig aushält. Dabei ist ein natürlicher Schutz gegen jegliche Unbill von außen eigentlich beneidenswert.

Macho Der Egoist ist in der Regel ein Kerl (Stichwort Herrenduft); dabei gibt es Egoistinnen wahrscheinlich ebenso häufig. Als »Mimose« werden meist Frauen bezeichnet, aber hypersensible Männer können bekanntlich genauso mimosenhaft sein. Machos allerdings kommen nur als Männer vor. Das liegt vor allem an der Herkunft: *macho* ist spanisch und heißt erst einmal schlicht »biologisch männlich« – ohne wertende Konnotation. Die kommt allerdings schnell dazu: kraftmeierisch-breitbeinig, mehr Muskeln als Geist, sexuell überpotent, nach dem Motto »ich bin der Stärkste, ich hab den Größten«. Das ist der Macho, wie wir ihn hierzulande kennen. Er gilt als hohl und lächerlich und wird doch immer auch ein wenig bewundert. Zumindest heimlich.

Tussi »Tussi« wird eine Frau genannt, wenn sie den Schimpfenden durch ihre Weiblichkeit gegen sich aufgebracht hat. Häufiger aber fällt das Wort, wenn nicht *mit* einer Frau, sondern *über* sie gesprochen wird. Besonders interessant ist die Tussi, weil sie einen radikalen Bedeutungswandel durchgemacht hat: Das heutige Verständnis ist nämlich quasi das Gegenteil der ursprünglichen Bedeutung (ähnlich wie bei der Schlampe, siehe Seite 25). Das Wort geht auf einen Namen zurück: Thusnelda. Thusnelda hieß im Mittelalter eine der höchsten Fürstinnen der Cherusker. Lange war der Name positiv besetzt. Doch ähnlich wie bei Xanthippe (siehe Seite 21) wurde ihr Ruf durch ein literarisches Werk ruiniert. In diesem Fall war Heinrich von Kleist der Übeltäter, obwohl die Thusnelda in dessen »Hermannsschlacht« eigentlich gar nicht so schlecht wegkommt. Wie Xanthippe galt sie aber von da an als nervige (Ehe-)Frau. Die Koseform, die durch Ersetzen der letzten beiden Silben durch das quasi verniedlichende i entsteht, ist nun die Tussi. Sie steht heute für dümmliche, meist eitle junge und jüngere Frauen. Oft fungiert »Tussi« auch als Grundwort in Zusammensetzungen, in denen es fast nichts weiter bedeutet als einfach »unangenehme Frau«: Pressetussi, Ökotussi, Verwaltungstussi ...

Chauvi(nist) Der Chauvinist – meist verkürzt zu Chauvi (gesprochen: Schohwie) – ist wieder ein besonders männlicher Mann und dazu ein Frauenverächter. Eine Definition sagt: »selbstgefälliger Mann mit überheblicher Art aufgrund eines gesteigerten Selbstwertgefühls und damit verbundener gesellschaftlicher Bevorzugung der Angehörigen des gleichen Geschlechts«. »Chauvinismus«, nach einem Franzosen namens Chauvin, einem patriotischen, begeisterten Soldaten aus einem Lustspiel der Brüder Cogniard (1831), bedeutete zuerst »übersteigerter Nationalismus«. Da man früher (wie heute?) alles Rechtskonservative in einen Topf warf, gehörte zum Chauvinismus neben Fremdenverachtung, Homophobie, Hang zu Religiosität, »Zucht und Ordnung« und Obrigkeitsverehrung auch die Frauenunterdrückung. Diese ist heute als fast alleiniges Merkmal des Chauvis erhalten geblieben.

Trulla Bei »Trulla« handelt es sich um ein Schimpfwort für Frauen, das nicht extrem erniedrigend ist, im Beleidigungsgrad aber vielleicht etwas stärker als Tussi. Für manche ist »Trulla« eigentlich bloß ein Name, wobei Namen leicht zu Schimpfwörtern werden können; man denke an den Vollhorst oder den Heini. In diesem Fall beruht die Abwertung auf einer Theaterversion des Märchens von Aschenputtel. Darin hören die beiden leiblichen Töchter der bösen Stiefmutter auf die schönen Namen Tussi und Trulla. Im deutschen Sprachraum unterscheiden sich die Begriffsinhalte: Im Westen (Rhein- und Ruhrgebiet) ist die Trulla ein eher zappliges, Unsinn machendes Mädchen; in der Schweiz und anderswo stellt man sich eine dickliche, behäbige, nicht mehr ganz junge Frau vor. Hier wäre dann die andere angebotene Etymologie stimmig: Danach kommt »Trulla« von »trollen«, und das bedeutete eine Art von Rollen oder Sich-behäbig-Bewegen.

Vollhorst Eigentlich reicht schon »Horst« als Beleidigung, dann aber am besten mit vorgeschaltetem Personalpronomen: »Du Horst!« Es ist nicht der einzige Name, der als Schimpfwort minderer Schwere missbraucht wird. Da gibt es zum Beispiel auch Heinz oder die noch eindeutiger abwertende Form Heini, ähnlich wie August, Kasper, im Rheinland Otto, bei Schwulen auch mal Detlef. In Mitteldeutschland sagt man bisweilen »sich zum Willi machen«. Früher wurden kurze Namen der ländlich-provinziellen oder generell der bildungsfernen Schicht zugeordnet. Vornehme Leute trugen lange Namen: Karl-Theodor, Heinrich, Johannes. Frauennamen sind vom Schimpfwortgebrauch ebenfalls betroffen: Uschi, Else, Käthe. »Feinere« Namen wie Charlotte oder Friederike kommen nicht infrage. Allerdings gibt es die altertümlich klingende Thusnelda, die heute zur Tussi geworden ist (siehe Seite 19), sowie die nachfolgende Xanthippe. Ein heute populärer Name zur Stigmatisierung ist Kevin, der gesteigert als Alpha-Kevin 2015 beinahe Jugendwort des Jahres geworden wäre.

Xanthippe »Xanthippe« ist als Schimpfwort nicht mehr übermäßig gebräuchlich, aber es hält sich. Ein Grund ist vielleicht die Tatsache, dass das Buchstabieralphabet (das gern auf Namen zurückgreift: A wie Anton, B wie Berta …) das X als Xanthippe verbuchstabiert. Außerdem merkt man sich seltene Dinge besonders gut und ein Wort, das mit X beginnt, ist eine Rarität. Xanthippe war die Ehefrau von Sokrates, einem der größten Denker der Menschheitsgeschichte. Sie gilt als Paradebeispiel für eine launische, zänkische, unverträgliche Ehefrau. Im 19. Jahrhundert wurde sie als Furie vor allem von Nietzsche prominent gemacht (»Menschliches, Allzumenschliches«, 1878). Heute, in feministisch geprägten Zeiten, wird das ihr nachgesagte Verhalten bestritten oder umgedeutet, indem auf ihre Rolle als Opfer hingewiesen wird – Sokrates soll angeblich kein Muster-Ehemann gewesen sein.

NTHIPPE ZICKE

Maulheld · Großmaul Diese und unzählige weitere Wörter sind für prahlende, wichtigtuerische Menschen im Umlauf (siehe auch Prahlhans, Seite 67). Das Protzen ist nicht nur bei den Menschen hauptsächlich eine Sache der männlichen Vertreter einer Gattung. Die Mittel dazu sind bisweilen geradezu elegant: das melodische Singen der Singvögel, die Farbenpracht bei Schmetterlingen, Fischen und Vögeln oder gar das Radschlagen des Pfaus. Oft ist es aber auch die pure physische Kraft, die zur Schau gestellt oder vorgetäuscht wird. Der Mensch bevorzugt das verbale Angeben, wobei freilich auch nicht sprachliche Protzerei existiert, auf die mancher Uhrenhersteller oder Autobauer ein Geschäftsmodell gegründet hat (siehe Schwanzverlängerung, Seite 109). Insofern ist ein Wort für »Mund« gern Teil der Schimpfwörter, die das Protzen anprangern. Neben Maul kennt man die Großfresse, die Großschnauze, Leute mit großer Klappe oder Gusche, Sprücheklopfer, Schaumschläger usw.

Nervensäge Dieses Schimpfwort ist von einer herrlichen Bildhaftigkeit: ein scharfes Werkzeug mit vielen Zähnen, das zerstörerisch auf die Nervenstränge wirkt. Seine poetische Kraft ist wohl auch der Grund dafür, dass man »Nervensäge« oft als Titel von Filmen, Theaterstücken, Fernsehserien etc. findet, meist als deutscher Titel eines fremdsprachlichen Stückes mit weniger aussagekräftigem Namen (z. B. »Cable Guy – Die Nervensäge«, 1996, mit Ben Stiller und Jim Carrey). »Nervensäge« ist ein weibliches Substantiv, und die hohen quietschenden Geräusche beim Sägen legen die Assoziation mit einer schrillen Frauenstimme tatsächlich nahe. Bekanntlich gibt es aber auch männliche Nervensägen.

Wichser Jetzt wird es eindeutig ziemlich derb: Dennoch (oder deshalb?) ist »Wichser« eines der häufigsten Schimpfwörter unserer Sprache. Es wird exklusiv für Männer verwendet – da gibt es nicht mal die kleinste Tendenz zur Gendergleichheit. Allerdings hat der Wichser einen

VOLLHORSTXA

… SEI MAL VORBILD, DU WICHSER!
Heiler

recht starken Bedeutungswandel durchgemacht. Wichsen heißt ursprünglich »blank reiben« (durch Hin-und-her-Bewegen der Hand) von mundartlich »wächsen« = »mit Wachs bestreichen«. Dass diese manuelle Bewegung auf das Rubbeln des männlichen Geschlechtsteiles zur sexuellen Befriedigung übertragen wurde, kann kaum überraschen. Allzu eindeutig ist der Bewegungsablauf. Nun ist Masturbation eine Ersatzhandlung. Normalerweise gibt man dem »richtigen« Sex, an dem in der Regel zwei Personen beteiligt sind, den Vorzug. Ein Wichser ist offenbar jemand, der ohne einen Partner oder eine Partnerin zum Höhepunkt kommen muss, also jemand mit einem gewaltigen Mangel. War der Wichser früher ein bedauernswerter oder lächerlicher Mensch, der es nicht schaffte, einen Partner oder eine Partnerin zu finden, steht heute der Bedeutungsbestandteil »Mangel« oder »Fehler« im Vordergrund. Wichser ist inzwischen so unspezifisch, dass das Sexuelle fast ganz außen vor ist: Ökowichser, Faschowichser, Flachwichser – gern auch alter Wichser.

Zicke »Zicke« passt eigentlich immer – als Entgegnung auf 90 Prozent aller Beleidigungen oder auch einfach als Beginn eines Streits bzw. als Abschluss. »Zicke« ist als Schimpfwort so populär, dass es sogar im Adjektiv »zickig« und im Verb »(rum)zicken« wiederzufinden ist. Die Bedeutung ist diffus unangenehm mit einer leichten Note von Eigensinn, Launenhaftigkeit, Arroganz oder Überheblichkeit. Auch Männer können zickig sein oder rumzicken. Ursprünglich ist die Zicke aber weiblich, eine Ziege eben. Manche leiten die Bedeutung von der Lautäußerung des Tieres ab: Meckerziege = Beschwerde-Geiß. Sehr beliebt ist auch die Zimtzicke. Angeblich war »Zimt« früher ein Ausdruck für Geld oder Gold – ähnlich wie heute Kohle, Moos, Knete usw. –, der dann in die gegenteilige Bedeutung umschlug: unwertes Zeug. Eine Zimtzicke macht demnach wegen jeder Nichtigkeit Terror. Unterstützt wurde die Verbreitung des Begriffs sicher durch seine morphologische und lautliche Gestalt: einsilbiges Bestimmungswort plus zweisilbiges Grundwort auf -e. Wobei beide Wörter kaum in einen inhaltlich sinnvollen Zusammenhang gebracht werden können. Das Gleiche gilt für Pissnelke, Arschgeige, Trantüte, Schreckschraube, Klatschbase, Kratzbürste, Spaßbremse, Heulsuse und viele andere.

Wir gehen in die zweite Runde: *der »schwache« Mann und die selbstbewusste Frau*

Schlaffi Bezeichnet die Freundin den Partner als Schlaffi, drückt sie noch kein extremes Gefühl von Hass, Verachtung oder Ärger aus. Naja, ein bisschen Verachtung vielleicht doch. Vermutlich ist aber nur eine kleine Provokation, ein Aufrütteln ob der Untätigkeit oder Gleichgültigkeit des Mannes beabsichtigt, nach dem Motto: Reiß dich mal etwas zusammen und komm aus den Puschen! Das i am Wortende sorgt für eine Art Verniedlichung; eine grobe Beleidigung ist somit fast ausgeschlossen. »Schlaff« ist gleichbedeutend mit »schlapp« und bezeichnet einen untätigen oder gleichgültigen Zustand. Natürlich liegt ein sexueller Zusammenhang nahe. Schlaff ist das Gegenteil von steif, also von sexuell potent und bereit. Wenn diese Eigenschaft dem Mann abgesprochen wird, trifft das natürlich unter die Gürtellinie. Also gut hinhören, Männer, worauf sich die »Schlaffi«-Betitelung seitens der Partnerin bezieht!

Schlampe Etymologisch hat die Schlampe denselben Ursprung wie »schlaff«. »Schlaff« bezieht sich hier aber nicht auf die innere Haltung oder gar einen Körperteil wie beim Schlaffi, sondern auf die Kleidung, die nachlässige, herunterbaumelnde (= schlabbernde und schlaffe) Garderobe einer Frau. Eine Schlampe war also ursprünglich eine liederliche, schlecht gekleidete Dame. Die rein äußerliche Bewertung wurde dann auf das Innere übertragen, und so versteht man bis heute unter einer Schlampe meist eine zügellose, nicht den moralischen Ansprüchen ihrer Umgebung genügende Vertreterin des weiblichen Geschlechts. Allerdings schwang später – und schwingt immer noch – ähnlich wie beim Luder auch eine Art Anerkennung mit: Die Schlampe wird wegen ihrer sexuellen Attraktivität durchaus auch bewundert. Insofern hätte »Schlampe« wie ganz wenige andere Wörter einen Bedeutungswandel von der Ursprungsbedeutung ins Gegenteil durchgemacht (siehe auch Tussi und Macho, Seite 19).

Niete Das Prinzip des Losens bzw. der Lotterie ist allseits bekannt: Man kauft ein Los für einen einigermaßen überschaubaren Preis und hofft auf den großen Gewinn. Dieses Geschäftsmodell soll aus den Niederlanden stammen. Ein Los, das nicht (holländisch *niet*) gewinnt, wird »Niete« genannt. Eine Niete taugt also nichts, ist wertlos. Und trotzdem klingt das Wort doch milder als das, was es meint: Du bist ein Nichts! Eine inhaltliche Verwandtschaft besteht zu Pfeife oder Pflaume. Bei diesen erschließt sich im Gegensatz zur Niete die Bedeutung des Nichts-wert-Seins nicht von selbst. Alle diese Wörter sind zweisilbig, weiblich und enden auf -e (linguistisch korrekt heißt dieser kurze e-Laut »Schwa«). Damit sind sie der Lusche ähnlich. Eine Lusche ist eine wertlose Spielkarte, was sie eindeutig als Kandidatin für den Gebrauch als Schimpfwort qualifiziert. In vielen Gegenden kennt man die Nulpe. Hier weist der Anklang an die »Null« auf die Wertlosigkeit hin. (Man könnte nun meinen, die »Nille« reihe sich elegant in diese Liste des Wertlosen ein, doch weit gefehlt: es handelt sich um das beste Stück des Mannes.)

Schlange Falsch, hinterhältig, hinterlistig, scheinheilig, bösartig, giftig – all diese Eigenschaften werden der Schlange nachgesagt. Sie spricht mit gespaltener Zunge. In der Bibel verführt sie die Menschen, gegen den Befehl Gottes zu handeln und bringt so die Sünde in die Welt. Im Deutschen funktioniert das Schimpfwort fast nur bei oder mit Frauen, vor allem weil es *die* Schlange heißt. Das ist im Französischen oder

Italienischen anders. Und auch im Englischen, wo der Artikel *the* geschlechtsneutral ist, wird die Schlange – egal ob *snake* oder *serpent* – meist männlich begriffen. So verwendet die bekannte King-James-Bibel für die Schlange das männliche Personalpronomen *he*. Die deutsche Schlange ist eindeutig weiblich, vor allem aber hinterlistig und intrigant – und im übertragenen Sinne irgendwie giftig.

Loser Mit dem deutschen oder englischen Loser (gesprochen »Luhser«) ist mitnichten eine Person gemeint, die an einer Lotterie teilnimmt und womöglich eine Niete zieht. Wer jemanden »Loser« nennt, spricht ihm jegliches positive Potenzial ab. Wörtlich heißt Loser »Verlierer«, sinngemäß »Versager«. Das ist ein sehr hartes Urteil, vor allem wenn der so Bezeichnete Ansprüche und Ziele hat. Das Englische kennt ja das grammatische Geschlecht nicht: *Teacher* kann »Lehrer« oder »Lehrerin« heißen, *singer* »Sänger« oder »Sängerin«, *surfer* »Surfer« oder »Surferin« usw. Auch der Loser endet auf -er, doch er kommt im Deutschen praktisch nur in der maskulinen Form vor. Die Loserin hat sich noch nicht durchgesetzt. (In den wissenschaftlich genutzten Textkorpora kommt die weibliche Form weniger als zehnmal vor, also quasi nicht.)

Besen »Besen« ist ein weder extrem selten noch besonders häufig verwendetes Schimpfwort. Auch wird es eher *über* eine als *zu* einer Person gesagt. Der despektierliche Gebrauch des Putzgeräts ist alt: Laut dem »Etymologischen Wörterbuch der deutschen Sprache« von Kluge wurde es schon vor knapp 500 Jahren als Schimpfwort benutzt. Um 1800 ist es dann eine neutrale Bezeichnung für junge Frauen. Heute wird es wieder abwertend gebraucht. Ein Besen ist dreckig, weil er den Schmutz zusammenfegt. Er ist oft ungepflegt und hässlich, die Borsten oder das Reisig sind verfilzt und stehen ab wie lange nicht gewaschenes Haar. Einfach unangenehm! Besen sind überall verbreitet. Allerdings wird in Süddeutschland eher gekehrt, im Norden eher gefegt. Ein Feger aber, zumal ein heißer Feger, ist ganz und gar nicht etwas schmutzig Ungepflegtes, sondern eine sehr begehrenswerte Frau. Interessant ist, dass »Besen« und »Feger« grammatisch eindeutig männlich sind, semantisch – also von der Bedeutung her – aber ausschließlich auf Frauen bezogen werden. Ganz im Gegensatz zur ...

Memme Das Wort »Memme« benennt fast ausschließlich ängstliche Männer. Es ist aber ein weibliches Substantiv: *die* Memme. Und mehr noch: es bezeichnete ursprünglich die weibliche, stillende Brust und ist verwandt mit »Mama«. In dieser Hinsicht ist es vergleichbar mit »Besen« oder »Drache(n)«. Es heißt *der* Drache und *der* Besen, gemeint sind aber ausschließlich Frauen. Die Memme reiht sich als besonders gut funktionierendes Schimpfwort in eine ganze Sammlung ähnlicher Ausdrücke für furchtsame, ängstliche, feige Menschen, vornehmlich Männer und Jungen, ein (siehe auch Hosenscheißer, Seite 44). Einer Memme, einem Angsthasen oder Hasenfuß (und all den anderen – angeblich existieren über 100 Synonyme) wird nachgesagt, keinen Mut zu haben oder »keinen Arsch in der Hose«. Wenn der Streit schon beim Hosenscheißen angelangt ist, ist es zum Nelkenpissen nicht mehr weit.

Pissnelke Was in aller Welt soll das sein, eine Pissnelke? Im »Deutschen Universalwörterbuch« von Duden steht: »Bezeichnung für ein Mädchen, das bei Männern bestimmte Erwartungen enttäuscht und als prüde gilt«. Eine etymologische Erklärung besagt, dass das Wort aus dem Französischen kommt, und zwar von *pissenlit*, »Löwenzahn«. Diese Pflanze hat eine entwässernde Wirkung und kann bei übermäßigem Verzehr dazu führen, dass man ins Bett (französisch *lit*) macht (pisst). Der Löwenzahn wurde früher auch im Deutschen als Piss- oder Seichblume bezeichnet. Eine Pissnelke ist also jemand, der sich (aus Angst vor der eigenen Courage?) in die Hose macht. Eine Volksetymologie beschreibt eine Pissnelke vielleicht ganz treffend als etwas oder jemanden, der/die/das oben duftet und unten stinkt.

Weichei »Weichei« ist eine Bezeichnung für einen Schwächling, egal ob körperlich kraftlos oder geistig schüchtern und konfliktscheu – ein Mensch ohne Ecken und Kanten, der kein Rückgrat besitzt und keinerlei Widerstand zu leisten in der Lage oder willens ist. Die Metapher scheint sehr gelungen, denn Eier sind rundlich, oval und bei Kochzeiten unter acht Minuten eben weich. Von ihnen geht keine Gefahr für Leib und Leben aus (Salmonellenbefall mal ausgeschlossen). Von entsprechenden Menschen ist keine (Tat-) Kraft und Entschlossenheit zu erwarten. Verwandte Begriffe sind »Waschlappen«, »Memme«, »Warmduscher« (siehe »Der schwache Mann«, Seite 33); meist auf das Körperliche bezogen sind Hänfling, Schlaffi, Schwächling und viele mehr.

Arschgeige Sie ist der Pissnelke in Wortstruktur und Bedeutung auffallend ähnlich. Wie bei dieser lässt sich auch bei der Arschgeige die Gesamtbedeutung aus den Einzelteilen kaum erschließen. Eigentlich ist völlig unklar, was der Begriff genau meint, aber sicher ist er eine Beleidigung. »Arsch« ist ein Lieblingsbestandteil von Schimpfwörtern (siehe auch Arschloch, Arschkriecher, Arschgesicht, Arsch mit Ohren, Arschkeks, Arschficker, Affenarsch, Himmel-Arsch-und-Zwirn). Die Geige als liebliches Musikinstrument scheint – ironisch oder ernst gemeint – den derben Ausdruck für das Gesäß etwas abzumildern. Ein großes englisch-deutsches Wörterbuch beschreibt den Ausdruck denn auch als »leicht abfälligen Begriff, der meist in freundlichen Situationen benützt wird«. Noch ironischer oder milder ist der ebenfalls in diesem Zusammenhang zu findende alternativ angebotene Terminus »Gesäßvioline«.

Muttersöhnchen Ein Mann, der sich nicht von seiner Mutter lösen will und kann, ist und bleibt ein Muttersöhnchen. Das Wort wird aber viel genereller gebraucht und bezeichnet Männer, die nicht über genügend Mut und Durchsetzungsvermögen verfügen, um Probleme des Lebens eigenständig zu bewältigen. Es hat mit der Endung -chen

THIPPEZICKE

die Form eines Diminutivs, also einer Verkleinerungsform. Ganz wenige Wörter liegen ausschließlich in dieser Form vor: So gibt es kein Eichhorn zum Eichhörnchen und kein Kanin zum Kaninchen; auch Plätzchen, Schnäppchen, Mätzchen oder Veilchen gibt es nur in der Verkleinerungsform. Den Muttersohn gibt es schon, aber äußerst selten. Während das Muttersöhnchen auf eine einzige Frau fixiert ist – nämlich Mutti –, will sich die folgende Dame nur ungern festlegen.

Dorfmatratze Eine Dorfmatratze ist keine gepolsterte Schlafunterlage auf dem Land. Vielmehr nennt man so eine Bewohnerin eines kleinen Ortes, die mit vielen, meist männlichen Einwohnern ihres Heimatdorfes Geschlechtsverkehr hatte oder hat. Da der Geschlechtsakt oft auf Betten und in Missionarsstellung (Frau unten, Mann oben) stattfindet, bietet sich das Polstermöbel als Metapher für die weibliche Teilnehmerin geradezu an. Eine gewisse Ähnlichkeit besteht zum ebenso schmeichelhaften Begriff »Fickschlitten«. Ähnlich wie die Matratze haben wir hier im Kompositum ein Grundwort, dass ein Ding bezeichnet, welches unten lokalisiert ist (der Schlitten), während der andere Beteiligte darauf agiert. Auffällig ist vielleicht, dass, obwohl beide Schimpfwörter nahezu ausnahmslos für Frauen gebraucht werden, die Matratze erwartungsgemäß grammatikalisch weiblich ist, während es sich bei dem Schlitten um ein männliches Substantiv handelt. Außerdem: Während Dorfmatratzen lokal an das ländlich-provinzielle Umfeld gebunden sind, findet man Fickschlitten nicht nur in Skigebieten und zur Winterzeit. Nicht zuletzt hat der Fickschlitten im Gegensatz zur rein negativ konnotierten Dorfmatratze durchaus auch eine positive, anerkennende, wenn auch sexistisch-hintergedankliche Verwendung.

Schlappschwanz »Schlappschwanz« bezeichnet im engeren Sinne einen Mann, der keinen hochkriegt (siehe auch Eunuch, Seite 54). In weiterem Sinne handelt es sich – ähnlich wie beim Schlaffi oder Waschlappen, nur stärker und derber – um jemanden ohne innere Spannung, ohne Haltung, ohne Steh- und Durchsetzungsvermögen.

Hexe Das Wort »Hexe« – oft in Verbindung mit »alte« – wird gern mit einer alten, bösen und vor allem hässlichen Frau assoziiert: Krückstock, wenige Zähne im Mund, Buckel, zotteliges Haar und warzige Hakennase. Meist kann die Dame zaubern oder eben (ver-)hexen. Inzwischen verblassen jedoch die ursprünglichen Konnotationen, sodass auch eine junge, hübsche, vitale Person als »Hexe« tituliert werden kann, wenn sie ein hinreichend bösartiges Verhalten an den Tag legt. Das Merkmal der Macht hingegen bleibt. So wie die böse Märchenhexe Macht über Hänsel und Gretel hatte, bewirkt auch die moderne Hexe durch ihren Einfluss Unangenehmes. »Hexe« ist übrigens eines der wenigen Wörter, bei denen die weibliche Form kürzer ist als die männliche, der »Hexer«. Das kommt sonst nur bei der Witwe vor oder bei Katze, Pute, Ente und Gans.

Schlaftablette »Schlaftablette« ist ein gebräuchliches Schimpfwort für Langweiler. Jemand spricht so eintönig, dass man fast einschläft. Er ist so antriebs- und einfallslos bei allem, was er tut (wenn er überhaupt etwas tut), und so festgefahren in seiner Routine, dass er oder sie zum Einschlummern und Wegknicken veranlasst. Diese Person hat zum eigenen Dasein nichts Interessantes beizutragen. Mit einer Schlaftablette möchte man seine Zeit nicht verbringen, weder als Kollege noch als Partnerin, als Reisegefährte oder sonst etwas. Schon gar nicht, wenn es ums Feiern geht. Die, die es dabei übertreiben, trifft es mit despektierlichen Bezeichnungen weit weniger hart: »Partyanimal«, »Partymaus«, »Feierelse« sind halb abwertend, klingen nach Stress und Unersättlichkeit, aber eben auch nach Stehvermögen, Initiative und Aktionismus.

Furie Die Furie kann als das Gegenteil der Schlaftablette oder Trantüte verstanden werden. Das lateinische Wort *furia* bedeutet »Wut, Wildgewordenheit«, »Raserei«. Furien sind hyperaktiv und dabei höchst unangenehm, da bösartig. In der Antike sind die Furien Rachegöttinen. Orest flieht verzweifelt vor ihnen, Orpheus versucht, sie durch Gesang zu besänftigen. Auf keinen Fall möchte man einer Furie in die Quere kommen. Sie ist immer weiblich, wobei es wohl auch männliche Rachegötter gibt. In Schillers »Braut von Messina« heißt es: »Denn die Rachegötter schaffen im Stillen«. Bei Mozart werden sie hektisch und hysterisch in d-Moll und Viervierteltakt von der Königin der Nacht angerufen und beschworen, und die nimmt sicher keine Schlaftabletten.

Couchpotato Couchpotato ist der Vorwurf einer aktiven Person gegenüber einem Faulenzer, der wie eine Kartoffel (englisch *potato*) rundlich, unbeweglich, kohlenhydrathaltig bzw. kalorienaffin auf dem Sofa (der Couch) liegt. Der Begriff hat sich in seinem Ursprungsland, den USA, nicht wie sonst üblich ohne auszumachende Quelle innerhalb der Sprachgemeinschaft entwickelt. Er ist, so die Legende, die Erfindung eines bekennenden Faulpelzes. Dessen Freund, der Cartoonist Robert D. Armstrong, ließ den Begriff schließlich schützen, denn er selbst war wohl auch dafür zu faul. Ein antriebsloser, bewegungsscheuer Mensch wurde und wird im Deutschen auch als »Stubenhocker« bezeichnet, aber »Couchpotato« klingt nicht nur cooler, sondern beschreibt einfach perfekt den trägen Chipsesser vor dem Fernseher. Dennoch ist das Schimpfwort nicht extrem beleidigend. Das folgende (Seite 35) wäre insofern eine unverhältnismäßig barsche Erwiderung.

Der schwache Mann

Für das Konzept »schwacher, ängstlicher, übervorsichtiger und somit lächerlicher Mensch« – fast immer »schwacher Mann« – gibt es eine Unmenge an Ausdrücken. Einige sind bereits erwähnt und besprochen worden: Weichei, Loser, Memme, Muttersöhnchen etc. Interessant ist nun, dass es nicht nur konkrete Wörter für diesen Typ Mann gibt, sondern dass sich auf einer höheren Ebene eine sprachliche Strategie herausgebildet hat. Manche Sprachwissenschaftler würden von einer Konstruktion sprechen, andere von einem konkreten Wortbildungsmuster. Es handelt sich stets um zusammengesetzte Wörter, sogenannte Komposita. Komposita bestehen immer aus einem ersten Glied, dem Bestimmungswort, und einem zweiten, dem Grundwort. Das Grundwort ist in diesem Fall ein Substantiv, das von einem Verb abgeleitet und mit der Endung -er versehen wurde. Der Ausgangsbegriff für diese Kategorie von Schimpfwörtern war sehr wahrscheinlich der Warmduscher: Duscher von duschen. Ähnlich bekannt ist der Frauenversteher: Versteher von verstehen.

Nach diesem Muster können Unmengen an Ausdrücken gebildet werden, von A wie ABS-Bremser, Achterbahn-in-der-Mitte-Sitzer, Airbagnachrüster, Ampeldrücker, Ampelranroller, Angorawäscheträger, Aspirinschlucker, Auf-jede-E-Mail-Antworter, Auf-Vorfahrt-Verzichter, Autobahn-Sicherheitsabstand-Einhalter, Autokennzeichennachschwärzer bis Z wie Zahnarztbonusheftsammler, Zahnseide-Verwender, Zebrastreifenbenutzer, Zehenzwischenraumtrockner, Zeitungsfalter, Zeltheizer, Zu-früh-Kommer, Zündschlüsselabzieher, Zweimal-mit-der-gleichen-Frau-Schläfer. Es existieren Listen mit den angeblich besten Ausdrücken dieser Kategorie. Besonders beliebt neben Warmduscher und Frauenversteher sind demnach: Turnbeutelvergesser, Teletubbie-Zurückwinker, Saunauntensitzer, Gelb-Bremser, Sitzpinkler, G-Punkt-Sucher und Seerosengießer.

Im Gegensatz dazu findet man für »Harteier« oder »Kaltduscher« Bildungen wie Hooligan-Schubser, Narkose-Ablehner, Kampfhund-Streichler, Pitbull-Zurückbeißer, Stromkasten-Pinkler, Luftmatratze-mit-dem-Mund-Aufblaser. Manche davon sind den Weichei-Begriffen exakt nachgebildet: eben der Kaltduscher, aber auch der Saunaobensitzer, der Stehpinkler oder der Gelb- bzw. Rot-Fahrer usw.

Fotze (auch Votze) meint das weibliche Geschlechtsteil, ist als Schimpfwort fast ausschließlich für Frauen gebräuchlich und äußerst derb. Interessant ist die Herkunft des Wortes. In der nicht belegten, sondern nur rekonstruierten, vor mehreren 1000 Jahren gesprochenen Ursprache Indoeuropäisch bedeutete der entsprechende Ausdruck »dicklich-wulstig« und wurde unter anderem zur Bezeichnung des Hinterteils gebraucht. Auch im Mittelhochdeutschen, das man vor einigen Jahrhunderten sprach, bezeichnete das Vorgängerwort *vut* nicht nur die Scheide, sondern auch den Arsch. Somit befindet sich der Ausdruck in bester Schimpfwortgesellschaft. »Fotze« ist ein übles, sexistisches Schimpfwort ohne spezifischen Hinweis auf eine Charaktereigenschaft. Allerdings verhält sich die Fotze manchmal gemein, nämlich hinterfotzig. Das Wort ist nicht zuletzt ein gutes Beispiel dafür, dass Schimpfen vornehmlich ein spontanes, mündliches Phänomen ist. Geschrieben werden Schimpfwörter viel seltener. Deswegen fehlt »Fotze« auch in vielen Wörterbüchern und es besteht oft Zweifel, ob es mit F oder V geschrieben wird. Die seltenere und inkorrekte Version ist die mit V. Sie wird aber auch von orthografisch Beschlagenen verwendet, um durch die Form textlich-optisch auf die weibliche Scham anzuspielen.

***Jetzt folgen** noch diverse Gegensätze oder Streithammel und Zicken.*

Emanze Ginge es nach der Juraprofessorin und Frauenbeauftragten Brigitte Thäle, stünde der Begriff nicht in diesem Buch. Die Wissenschaftlerin wurde unter anderem mit der Aussage bekannt: »Emanze ist kein Schimpfwort.« Man muss aber feststellen, dass »Emanze« durchaus als Schimpfwort für als unangenehm empfundene Feministinnen und Kritikerinnen von Männern oder männlichen Verhaltensweisen verwendet wird. Das Wort ist definitiv abwertend und soll unangenehm klingen: Es steckt die Lautkette m-a-n drin, die an »Mann« erinnert; der kurze e-Laut am Ende gemahnt an diffamierende Ausdrücke wie Tippse,

Saftschubse oder Tunte. Einen Emanzer in Analogie zum Witwer und Hexer gibt es auch nicht so richtig.

Softie Der eigentliche Gegenspieler der Emanze – und somit die passende Entgegnung in einem Streit – wäre wohl der Macho bzw. der Chauvi. Einen anderen denkbaren Gegensatz bildet der Softie oder der schon erwähnte »Frauenversteher«. »Softie« muss aber kein Schimpfwort sein, es kann auch ein Kompliment sein, wenn ein Mann von einer Frau so genannt wird. Im negativen Fall ist er ein unmännlicher Typ, Sorte Weichei, Weichling – das englische Wort *soft* heißt ja auch »weich«. Genau das mögen aber manche Frauen. Für sie ist der Softie der Traummann schlechthin: zärtlich und verständnisvoll.

Pottsau Eine Pottsau ist kein weibliches Schwein aus dem Ruhrgebiet, sondern eine extrem dreckige Person. »Pott« bezieht sich hier auf den norddeutschen Topf oder Eimer, gemeint ist der Mülleimer. Die klassische Pottsau ist eine dreckige, stinkende, widerliche Person, bisweilen auch eine, die Unrat, Unordnung, Müll und Abfall produziert. Im übertragenen Sinne kann Pottsau auch ein Charakterschwein bezeichnen, also jemanden, der moralisch versaut ist. Die vordringliche Assoziation bleibt aber eine Person, die stinkt und dreckig aussieht, also maximal ungepflegt ist und somit das Gegenteil einer übertrieben herausgeputzten Person ist wie der …

Schnösel Der Schnösel achtet sehr auf sein Äußeres und trägt die Nase gern hoch. Während eine Pottsau weiblich oder männlich sein kann, ist ein Schnösel immer ein Mann (auch wenn der Duden die »Schnöselin« anbietet). Das Wort ist zwar über 100 Jahre alt, aber heute dennoch weder unbekannt noch ungebräuchlich. Es kommt eher aus dem nördlichen Sprachgebiet und geht wohl auf »Schnodder«, »schnäuzen«, »Rotz« zurück. Insofern bedeutet es erst einmal »Rotznase« im

Sinne von Grünschnabel. Wir haben es also mit einem sehr jungen Mann zu tun, der noch grün hinter den Ohren ist. Er verhält sich unhöflich und arrogant – ein überpflegter, altersgemäß etwas vorgegriffen gekleideter, neudeutsch »overdresster« Jungmann. Ähnliche, aber weniger gebräuchliche Wörter sind »Beau«, »Fant«, »Fatzke« (siehe Seite 119), »Geck«, »Lackaffe«, »Popanz«, »Snob«, »Stenz« und »Stutzer«. Diese beziehen sich allerdings auf Männer jeglichen Alters.

Quasselstrippe Eine Quasselstrippe ist eine Person, die ohne Punkt und Komma redet. Solche Leute können extrem nervig sein. Allein der endlose Geräuschteppich, den sie erzeugen, ruft Unbehagen hervor. Eine ähnliche Bezeichnung bzw. eine vergleichbare Person ist das Plappermaul. Neben dem rein Lautlichen ist hier das Inhaltliche noch wesentlicher. Der Begriff »Plaudertasche« nimmt darauf Bezug und suggeriert, dass die Themen, die so überaus ausführlich behandelt werden, eher hohl oder nichtig sind. Eine Quasselstrippe muss keine Frau sein, allerdings legt es die Lautung des Grundwortes nahe: erste Silbe kurzes i, zweite Silbe kurzes e wie bei den sehr femininen Begriffen »Titte« oder »Zicke«. Viel männlicher ist der Phrasendrescher. Er redet großspurig daher und tut nichts von dem, was er verspricht. Auch der Schwätzer und der Schwafler sind beide von der Kategorie: viel sagen, wenig tun. Ein Quatschkopf redet viel Quatsch, Unsinn oder süddeutsch Schmarrn.

Stockfisch Der Stockfisch ist das meist norddeutsche Gegenteil der Quasselstrippe. Gemeint ist jemand, der seinen Mund nicht aufkriegt, der kaum redet, nicht kommuniziert. Ein Fisch ist von Haus aus stumm. »Verstockt« heißt »unzugänglich«, »starr« und »stur« wie ein unbeweglicher Stock, Stab oder Stecken. Ein Stockfisch ist somit noch weniger gesellig als ein Spielverderber oder eine Spaßbremse. Es ist keine gute Unterhaltung mit dem Stockfisch denkbar, eine Kommunikation kommt entweder kaum zustande oder geht schnell zu Ende.

KACKA, BITCH UND HONK

So kreativ sind Kinder und Jugendliche

SCHWACHMAT

Einleitung

Heranwachsende greifen wahrscheinlich am häufigsten in die Dreck- und Schmuddelkiste der Sprache, vor allem, wenn sie unter sich sind. Zur Entschuldigung kann vorgebracht werden: Jugendliche haben nur mal die Aufgabe, sich auf das »richtige« Leben vorzubereiten. Sie sind die nächste Generation, die die Geschicke der Menschheit bestimmt. Und wie im Tierreich der neue, junge, kräftig(st)e Bock den Platzhirsch herausfordert, so provozieren Jugendliche die Elterngeneration nicht nur mit Sprache, sondern mit allem Möglichem: Kleidung, Körperkult (Haar, Schmuck, Tattoos), Musik, Moralvorstellungen, Weltanschauung. Provokationen sind aber nicht nur gegen die Eltern gerichtet, sie differenzieren auch innerhalb der Gleichaltrigen: Wer am kreativsten ist, wer sich am coolsten gibt, ist am erfolgreichsten und gibt den Ton auf Spielplatz, Schulhof etc. an. Am besten funktioniert das Beeindrucken anderer durch grobe Tabuverletzung. Daher ist vieles, was sich Teenager an den Kopf werfen, sehr derb und beleidigend. Heutzutage ist es vor allem die migrantisch geprägte Jugendkultur, die die Erwachsenen – Eltern, Lehrer, andere Pädagogen, Politiker und Medien – sehr zu reizen vermag. Das Aufregungspotenzial ist hoch und so kommen bestimmte Schimpfwörter bei jungen Leuten auf, die durch ihre Wurzeln in anderen Kulturen besonders tabuverletzend und beleidigend scheinen und es manchmal auch sind. Die Texte von Rapsongs sind voll davon. Bereits das »normale«, nicht schimpfend gebrauchte Kiezdeutsch bringt viele ältere Semester auf die Palme, umso mehr bestimmte Kraftausdrücke. Viele andere Begriffe sind aber auch subtil, ironisch und angenehm sarkastisch. Immerhin sagt man dieser Altersgruppe nach, besonders einfallsreich zu sein. Deshalb schafft es die Jugendsprache auch immer wieder in die

Medien. Und selbst wenn viele der angeblichen Jugendwörter des Jahres Erwachsenenerfindungen und -fantasien waren – nicht wenige Jugendwörter sind tatsächlich in den allgemeinen Sprachgebrauch übergegangen. Einige davon finden sich hier im Kapitel (»Alpha-Kevin«, »hartzen«). Es kann gut sein, dass sie das übliche Schicksal von Modewörtern ereilt und sie in ein paar Jahren vergessen sind oder so veraltet klingen wie »Pauker« oder »Flittchen«. Die altersübergreifenden, »normalen« Schimpfwörter haben die Jugendlichen natürlich auch drauf. Von ihren Eltern haben sie früh gelernt, was »Scheiße«, »Arschloch« und »Zicke« bedeuten. Und eine der ersten Weisheiten, die Kinder nicht nur lernen, sondern auch selbst rügend an Freunde und sogar die eigenen Eltern weitergeben, ist: »Scheiße sagt man nicht!«

Kindermund ist fast immer süß. Eines der ersten Schimpfwörter ist bei den Sprachanfängern »Scheiße«, aber auf kleinkindisch im Mama-Papa-Muster (reduplizierend wie die Sprachwissenschaft sagt): »Kacka« (kaka, Kaka). Nachdem erst und im eigentlichen Sinne die Notdurft so bezeichnet wurde, dauert es nicht mehr lange, bis der Begriff auf generell Unschönes und Unangenehmes angewendet wird, auf Sachen, Umstände oder auch Menschen, die einem stinken. Und womöglich ist das der Anfang des analbasierten Negativ-Wortschatzes der Deutschen. Ziemlich früh wird auch »Pups« als Wort oder Wortbestandteil verwendet, wenn das Kleinkind etwas missbilligt. »Popo« taugt ebenfalls zum Abqualifizieren. Mit »Pipi« geht nicht so viel. »Pipifax« ist kein Beleidigungsausdruck für eine Fernkopie, auf die man pinkeln kann, sondern bezeichnet leicht abfällig etwas eher Unbedeutendes. Wenn man manchen Erklärungen glaubt, geht die Form »Pipi« hier nicht auf den Babyausdruck für Urin zurück, sondern auf den Allerheiligsten, auf Gott. In Priester-Botschaften habe angeblich das hebräische Wort JHWH (Jahwe bzw. Jehova, also Gott) in griechischen Buchstaben und in der uns vertrauten, für die alten Juden aber ungewohnten, umgekehrten Abfolge ausgesehen wie π ι π ι = Pipi. Da waren also halbe Analphabeten am Werk oder »Anal-Fabeten«, die in einer alphabetischen Schimpfwortliste vor Analpfosten und Anarchist zu finden wären. Wobei der »Anarchist« (»Anarcho«) alles andere als ein Jugendschimpfwort ist. Bei Konservativen eine schlimme Beleidigung, wird er von Jüngeren bisweilen positiv verwendet. Aber auch die Bitch oder das Luder und der »geile Bock« können im richtigen Kontext anerkennend gemeint sein: Bewunderung oder auch eine Portion Neid spielen da mit.

Wir beginnen dieses Kapitel mit den harmloseren kindlichen Wörtern, die ein negatives Urteil umschreiben, und arbeiten uns vor in immer derbere Regionen, in denen Jugendliche kein Blatt mehr vor den Mund nehmen und von politischer Korrektheit absolut keine Rede sein kann.

Kacka »Kacka« ist wohl tatsächlich das Wort, das den Kleinen beim Erlernen des Sprechakts »Beschimpfung« als erstes über die Lippen kommt. Der Duden verzeichnet »Kacka« als sächliches Substantiv. Die Kacke ist ja nun eigentlich weiblich. Aber die meisten ähnlichen Ausdrücke – »Aa« und »Pipi« – sind ebenfalls Neutrum. Allerdings lernen Kinder den Ausdruck um einiges früher als den Artikelgebrauch. Zuerst bezeichnet er freilich nur das Häufchen, das in die Windel oder ins Töpfchen plumpst. Doch es dauert nicht lang und die Unannehmlichkeiten, die mit dem Stoffwechsel verbunden sind, werden als irgendwie negativ behaftet wahrgenommen. So entdeckt der Mensch eine der wichtigsten Quellen zur Kommunikation von Unliebsamem: das Reich der Fäkalien.

Aa »Aa« ist lautlich fast identisch mit »Kacka«. Die ähnlich klingenden Wörter »Mama« und »Papa« – ähnlich, weil sie sogenannte Reduplikationen sind, bei denen eine Silbe wiederholt wird – sind in quasi allen Sprachen die ersten kindlichen Wörter. Das liegt hauptsächlich daran, dass es die am leichtesten auszusprechenden sind: Erst sind die Lippen geschlossen bei M und P und nach dem Öffnen folgt ein einfacher Vokal. Bei »Kacka« ist der Vokal ebenfalls ein a, die Konsonanten aber sind andere: Beim K werden nicht die Lippen geschlossen, sondern der Gaumen, bei »Aa« wird der Laut noch weiter hinten im Hals gebildet. Im Deutschen gibt es für diesen Laut keinen Buchstaben, was nicht darüber hinwegtäuschen sollte, dass es ihn gibt. Vom grammatischen Geschlecht her ist Aa eindeutig neutral: das Aa.

Pipi Sind »Kacka« und »Aa« als Begriffe für unschöne Situationen erst einmal etabliert, ist der Damm gebrochen. Ausdrücke für fäkale Ausscheidungen sind eine reichhaltige Quelle für Beschimpfungen. Aus der Perspektive des Sprachwissenschaftlers sind die kindlichen Beschimpfungen komplexer als die Erwachsener. Eine Beschimpfung unter »größeren« oder »großen« Leuten ist oft monolithisch, also einfach: »Blödmann!« – »Zicke!«

Sprachlich liegt hier – zumindest hörbar – keine komplexe Struktur vor. Kinder äußern Beleidigungen, Beschimpfungen und Wut in der Regel als strukturierte Aussage mit Subjekt und Prädikat: »Du bist Kacka!« »Du bist Kackawurst!« »Du bist Pipi-Aa-Kacka-Wurst!« »Pipi« oder »Kacka« werden immer in einen kompletten Satz eingebunden. Wenn dann die einfachere Erwachsenenstruktur »erworben« wurde, sagt und hört man auch von Kindern »Pippimann«, »Pimmel« und »Pimmelmann«.

Pups Nach diesen echt fäkalen Ausdrücken, die im Kleinkindalter auftreten und dann die gesamte deutsche Sprache anal-fäkal (sprachwissenschaftlich auch »skatologisch« genannt) prägen, kommen weitere körperliche Ausscheidungen und Ausdünstungen in Gebrauch. Viel Spaß bringt der Pups. Nicht nur als Schimpfwort, sondern überhaupt. »Hast du gepupst?« »Iiii, du hast pups gemacht!« »Du bist ein Pupser!« »Der ist ein Puparsch.« Warum der Pups als Schimpfwort so viel Spaß macht, liegt nahe: Er macht ein witziges Geräusch, riecht ungut und kommt aus dem Popo. Mehr Humorpotenzial kann man sich gar nicht ausdenken.

Popel Als nächstes wird der Popel entdeckt. Das ist erstaunlich, denn es gibt kein echtes Pendant in der Erwachsenensprache. Später kommt zwar »Rotz« hinzu als Bezeichnung von unwerten Sachen oder als Beleidigung in der Variation »Rotzlöffel« oder »Schnösel« (siehe Seite 36). Aber das rundlich-klebrige Nasensekret spielt im Sprachgebrauch Erwachsener keine Rolle mehr (außer vielleicht beim Mömmesfresser, siehe Seite 123). »Pöbel« ist etwas ganz anderes, kommt vom lateinischen *populus*, »Volk«, und meint beim despektierlichen Gebrauch das gemeine Volk, die Unterschicht. Während »Aa«, »Kacka« und »Pipi« auch gut ohne Artikel funktionieren, brauchen »Popo«, »Pups« und »Popel« ein »der« oder »ein« davor. Wenn Kinder das erst einmal beherrschen – und mit gut zwei Jahren sind sie so weit – wird gern ausufernd losgeschimpft, denn das macht bekanntlich einen Riesenspaß.

Wenn die Ausscheidungen vorerst ausgereizt sind, *kommen eher langweilige Wörter auf: Blödi, dumme Kuh usw. Ein häufiges Wort bei Kindern und noch öfter* für *Kinder ist der*

Hosenscheißer · Angsthase Ein Hosenscheißer oder Angsthase – Synonyme sind unter anderem »Bangbüx« (siehe Seite 116), »Feigling«, »Hasenfuß«, »Schisser« oder österreichisch »Trauminet« – ist ein Mensch, der vor allem und jedem Angst hat und sich schnell in eine Ecke verkriecht, wenn es brenzlig wird. Meist wird »Hosenscheißer« für Kinder verwendet. Vielleicht weil die Zeit, als der oder die Bezeichnete tatsächlich noch Windeln trug, nicht besonders lange her ist und der Ausdruck dadurch mehr Potenzial hat, echt und beleidigend zu sein. Dass der Hase (oder das Häschen) als besonders ängstlich gilt, liegt wohl an seiner extremen Wachsamkeit: Mit aufgestellten Ohren verharrt er ohne jede Bewegung und lauscht, ob Gefahr droht. Und wenn sie naht, ergreift er blitzschnell die Flucht. Der menschliche Angsthase ergreift ebenfalls schnell die Flucht, meist sieht er aber zu, dass er gar nicht erst in Situationen kommt, die gefährlich werden könnten. So richtig Spaß haben kann man daher mit dem Angsthasen nicht. Was beim Tier ein kluges bis lebenserhaltendes Verhalten ist, ist beim Menschen oft unbegründet und zieht Geringschätzung nach sich.

***Mit der Pubertät** ist die kindliche Ängstlichkeit meist überwunden und auch die Sprache verliert ihre letzte Zurückhaltung. In dieser Zeit fallen die heftigsten Ausdrücke, außerdem die neuesten und modernsten – dabei aber auch die kurzlebigsten. Relativ harmlos sind die Begriffe, die im Schulalltag eine Rolle spielen. Hier geraten meist die Schulversager mit den Fleißigen und Klugen aneinander.*

Honk Der Honk ist ein Trottel, jemand, der es einfach nicht rafft. Das Wort existiert wohl erst seit diesem Jahrtausend. Vermutlich geht es auf das abwertende englisch-amerikanische Slangwort *honky* für einen Weißen zurück. In Deutschland ist es zu einem Akronym, einem Abkürzungswort, das aus Anfangsbuchstaben besteht, umgedeutet worden: **H**auptschüler **o**hne **n**ennenswerte **K**enntnisse. Die Mehrzahl wird auf -s gebildet (»die Honks«), was für englischstämmige Wörter wie »Freak« oder »Nerd« typisch ist, aber auch für Akronyme: »Lkws«, »CDs«, »Jusos«, »Ufos«, »Kitas«. »Echte« deutsche maskuline Substantive auf -nk verhalten sich da anders: Schrank – Schränke, Fink – Finken. »Honken« sagt man (noch) nicht, »Hönke« wird sich wohl nie durchsetzen. Auch gibt es keine Honkin oder Hönkin.

Streber Der Streber ist einer, der der Beste sein will und viel dafür tut. Vor allem wird der Streber oder die Streberin als jemand wahrgenommen, der sich bei einer zu erbringenden Leistung von den anderen positiv absetzen will, wobei er sich weigert, die Schwächeren zu unterstützen. Abschreiben lassen ist ein No-Go, Vorsagen käme nie infrage. Das Portal studienscheiss.de behauptet: »Streber war gestern. Heute sagt man ›Nerd‹ (oder Geek …).« So einfach ist es aber nicht: Ein Nerd ist etwas anderes (siehe Seite 47) – auch wenn die Bill-Gates-Regel Nummer elf »Be nice to nerds. Chances are you'll end up working for one« oft übersetzt wurde mit: »Sei nett zu Strebern. Es ist sehr wahrscheinlich, dass du irgendwann für einen arbeiten wirst.«

Schwachmat Der Ausdruck hält sich schon lange und hat fast nichts an Provokationspotenzial eingebüßt. Er soll aus der Jugend- oder Studentensprache stammen und über 300 Jahre alt sein. Damals sagte man eher noch »Schwachmatikus«, was irgendwie gebildeter, weil lateinisch klang. Mit dem Wort beschimpft man jemanden, den man für dumm hält. Hier erkennt man den typischen Bedeutungswandel: Körperliches (Schwäche, Mangel an physischer Kraft) wird auf das Mentale (Mangel an Geist) übertragen. Bisweilen liest man, zweisilbige Schimpfwörter würden fast immer auf der ersten Silbe betont. Vielleicht funktioniert das Wort auch deshalb heute noch so gut, weil es sich durch seine Akzentstruktur vom Normalmuster absetzt.

Petze Eine Petze (viel seltener ein Petzer) ist jemand, der – meist im Schulbereich – etwas Heikles, einen Regelverstoß, der nicht an die Öffentlichkeit dringen soll, an Aufsichtspersonen weitergibt, meist an Lehrerinnen und Lehrer oder an Eltern. Die geht das natürlich überhaupt nichts an. Ein sehr dilettantisches Lied, das den Petzen früher gelegentlich vorgesungen wurde, geht so:

»Petze, Petze ging in Laden,
wollt für'n sechser Käse haben,
Käse, Käse gab es nicht,
Petze, Petze ärgert sich.«

Die Reime sind so schlecht, dass der Song heute in Zeiten der Rap-Poetik oder Hip-Hop-Dichtung mit ihren gewollt unreinen Versen eigentlich fast wieder angesagt sein könnte. Nicht selten sind Petzen auch Streber und Streber Petzen. Manchmal wollen sich aber auch nicht so erfolgreiche Schüler durch Petzen bei den Lehrern beliebt machen. Zum Beispiel der Folgende.

Gehirnamputierter Hier will der Schimpfende besonders originell sein und das übliche »Idiot« oder »Depp« vermeiden. Inhaltlich läuft es auf dasselbe hinaus: Jemandem wird unterstellt, frei von Grips zu sein. Immerhin gesteht man dem oder der Gehirn- oder Hirnamputierten ehemalige Intelligenz zu. Ein Gehirn, das amputiert wurde, muss ja mal da gewesen sein. Schlimmer sind die dran, die von Anfang an hohl waren: »dumm geboren, nix dazugelernt und dann auch noch die Hälfte wieder vergessen«. Wo nichts ist, kann nichts amputiert werden.

Nerd Was bei dem einen zu wenig da ist, hat der andere zu viel. Der Nerd gilt als hochintelligenter, aber sozial gestörter Typ, der sich nur für Computer, Technik und Wissenschaft interessiert, allerhöchstens noch für Science-Fiction. Die Medien vermitteln das Bild eines maximal unsportlichen, entweder schlaksigen oder dicklichen, extrem unmodisch gekleideten jungen Mannes mit panzerglasdicker Brille, der nichts für die Vergnügungen seiner Altersgenossen übrig hat, nicht einmal für Mädchen – und die noch weniger für ihn. Lieber schließt er sich allein im Schullabor oder im Computerzentrum der Uni ein. Allerdings ist er heute längst nicht mehr die Lachnummer von einst. Der Siegeszug der Computer und des Internets, die Erfolgsstory des Silicon Valley und nicht zuletzt die amerikanische Kultserie »Big Bang Theory« haben ihren Teil dazu beigetragen, dass »Nerd« zunehmend anerkennend verwendet wird. Die übergroße Nerd-Hornbrille ist zum Mainstream-Trend geworden. Dabei ist das schon die zweite Stufe des positiven Bedeutungswandels: Ursprünglich bedeutete »Nerd« einfach nur »Schwachkopf«.

Spinner Ein eher undifferenziertes Schimpfwort ist dagegen der »Spinner«. Schon lange bezieht sich das Wort »spinnen« nicht nur auf den Woll-, sondern auch auf den Gedankenfaden, der sich bei manchen Menschen zu verwirren scheint. Das Spinnen war von alters her eine Arbeit für Frauen, die früher als geistig schwächer galten. Sogenannte

Spinnhäuser waren Sammelbecken für Frauen, die irgendwie unter die Räder gekommen waren: Arme, Alte, Kranke, Waisen, ehemalige Prostituierte, Geisteskranke und andere, die der Gesellschaft suspekt waren. Heute ist »Spinner« ein sehr häufiges und dabei oft gar nicht mal so negativ gemeintes Schimpfwort. Nicht nur Jugendliche betiteln damit Leute, die merkwürdige oder auch nur vom Mainstream abweichende Gedanken haben, die vermeintlich verrückte Dinge tun oder einfach nur träumen.

Das war alles noch harmlos. *Bei Teenagern geht es aber oft derb und heftig zu, für Erwachsene manchmal schwer zu ertragen. Feingefühl oder Political Correctness sucht man hier vergebens.*

Bitch »Bitch« ist ein Anglizismus, der wörtlich übersetzt »Hündin« bedeutet. Im Englischen bedeutet das Wort so viel wie »Schlampe« oder »Nutte«. So ähnlich versteht man es auch im Deutschen. Inzwischen verblasst bei der Bitch ähnlich wie beim Schwulen (siehe Seite 53) allerdings die sexuelle Konnotation und alle möglichen weiblichen Wesen können so beleidigt werden, wenn sie den Schimpfer oder die Schimpferin nur stark genug gereizt haben. Man sagt den Ausdruck aber nicht nur *zu*, sondern oft auch *über* Frauen: »Was für eine Bitch!« Im Sinne von »So ein Miststück!«. In einem Internetforum zum Thema wird gefragt, was wohl das männliche Pendant zur Bitch sei. Die verschiedenen Antworten von männlicher wie von weiblicher Seite sind »Hurensohn«, »Schwuchtel«, »Motherfucker«, »Stricher«, »Lauch«, »Schwanzgesteuerter«. Auffällig ist in dieser Reihe vor allem der Lauch. Er ist zurzeit ein tatsächlich nicht selten gebrauchtes Schimpfwort. Ob es sich hält, wird sich zeigen – auf jeden Fall hat es Potenzial: Es bezeichnet ein weich-biegsames Gemüse (hat damit etwas vom »Schlaffi«) und hört sich ähnlich an wie »Lappen« oder »Lump«. Merkwürdigerweise wird der Hurenbock nicht genannt. Dieser würde dem Konzept der Bitch am meisten entsprechen.

SCHWACHMA

Hure »Hure« ist eine extrem häufige – und alte – Beleidigung, die heute in der Jugend- und Kiezkultur noch mal einen Aufschwung erlebt. Es handelt sich um eine der vielen Bezeichnungen für eine Prostituierte, im weiteren Sinn auch für eine Person, die viele wechselnde Partner hat. Mit »Hure« kann aber auch ein Mensch (sogar ein Mann) bezeichnet werden, der für Geld oder sonstige Zuwendungen gegen seine eigenen oder allgemeine Überzeugungen und Moralvorstellungen handelt. Dabei hat die Hure einen eklatanten Bedeutungswandel durchgemacht. Die Wertung hat sich quasi ins Gegenteil verkehrt: Ursprünglich meinte der Ausdruck nämlich »lieb«, »teuer«, »begehrlich«, »hochgeschätzt«. Allerdings hieß schon im Althochdeutschen *huor* »Ehebruch«. Heute drückt, auch wenn sexuelle Freizügigkeit durchaus akzeptiert ist, das Schimpfwort »Hure« blanke Verachtung aus. Aber: Ist der Ruf erst ruiniert, lebt die Hure ihr Leben außerhalb der »normalen« gesellschaftlichen Zwänge und hält viele der Verächter für ...

Spießer Der Spießer besteht am Sonntag auf seinem Schweinebraten und kann es nicht leiden, wenn der Buchsbaum des Nachbarn nicht tadellos gestutzt ist. Er ist mental-moralisch unbeweglich und hasst jede Form von Veränderung. Jugendliche bezeichnen so gern verächtlich ihre Eltern, Lehrer und andere Vertreter der älteren Generation, die womöglich auf so altmodische Werte wie Ordnung oder Pflichterfüllung pochen. Im Mittelalter waren Spießbürger die etwas ärmeren Bürger einer Stadt, die diese im Angriffsfall mit einem Spieß in der Hand verteidigten. Später blickte man auf jene einfachen Bürger herab und hielt sie für engstirnig. Es waren nicht jene kleinen Leute und Arbeiter, die sich, wie Marx das wollte, gegen die Herrschenden auflehnten, sondern die, die die herrschenden Umstände erhielten und stärkten. Ein Spießer ist maximal angepasst, obwohl er ziemlich weit unten in der gesellschaftlichen Hierarchie steht. Er denkt nicht daran, sein Schicksal in die Hand zu nehmen und revolutionär aufzubegehren. Stattdessen verachtet er alles

Innovative, besonders Provozierendes. Und das macht ihn in den Augen der tatsächlich oder vermeintlich Fortschrittlichen und insbesondere der Jugend verachtenswert.

Nutte »Nutte« ist wie »Hure« ein Ausdruck für Prostituierte. Eine weibliche Person, die Sex für Geld gewährt, gilt seit eh und je als verachtenswert. Ums Geld geht es aber nicht primär. Das Urteil trifft auch Frauen, die sich ohne finanzielles Interesse mit einer Vielzahl an Männern einlassen. Als Schimpfwort verwendet, muss das Sexuelle gar nicht mehr im Zentrum stehen; Frauen oder Mädchen werden so genannt, um sie abzuwerten und zu verletzen. Das dürfte mit diesem Ausdruck gelingen. Denn »Nutte« steht sogar noch unter »Hure«. Die meisten empfinden den Ausdruck als noch abwertender und anzüglicher. Ein Grund kann sein, dass »Hure« der ältere Ausdruck ist. Aus der Sprachwandelforschung weiß man, dass ein neuer Ausdruck einen alten nur dann verdrängt oder sich etabliert, wenn er expressiver, das heißt emotional stärker ist. »Hure« wird heute auch neutral verwendet; manche Prostituierte nennen sich offiziell selbst so. »Nutte« kommt von »Nut«, was »Spalt«, »Ritze«, »Fuge« bedeutet. Warum, kann man sich denken.

***Die folgenden Begriffe** werfen sich meist, aber nicht ausschließlich, männliche Jugendliche gegenseitig an den Kopf.*

Bastard Wer heute »Bastard« sagt, meint im Prinzip nichts anderes als »Arschloch«. Unter jungen Leuten ist es ein ziemlich beliebtes Schimpfwort. Die eigentliche Bedeutung des Begriffes spielt dabei eigentlich gar keine Rolle mehr – wahrscheinlich ist sie vielen nicht einmal bekannt. In geringer Dosis schwingt die Bedeutung mit, die man vom Hurensohn kennt: unwürdiger, nichtsnutziger Nachkomme. Allerdings ist die Vorfahrin, also die Mutter, in dem einen Falle die geächtete Prostituierte, in dem anderen ist die Mutter nur nicht mit dem Vater verheiratet.

SCHWACHMA

Sprachhistorisch korrekt ist »Bastard« die Bezeichnung für ein uneheliches Kind, das von einem Adligen in außerehelicher Verbindung gezeugt und dann von diesem aber rechtlich anerkannt wurde. Für nicht wenige »Betroffene« war »Bastard« weder eine Beleidigung noch ein schweres Los, sondern fast ein Ritterschlag. (Auch Frauen konnten im Übrigen Bastarde sein und dann sogar Königin werden wie etwa Elisabeth I. von England.) Später wurde das Wort auf alle nicht ehelichen Kinder übertragen. Wegen der sozial nicht akzeptierten familiären Situation wurde es zum Schimpfwort, das den Beschimpften als minderwertig abqualifiziert.

Hurensohn »Hurensohn« scheint eine schimpfwörtliche Mitgift der jüngeren Migrationsgeschichte zu sein. Das große grimmsche Wörterbuch allerdings verzeichnet »Hurensohn« als bereits im 18. Jahrhundert etabliertes Schimpfwort. Ausgerechnet Schiller liefert den Beleg in seiner »Verschwörung des Fiesco zu Genua«. Dort heißt es: »Heraus, Hassan! Hurensohn der Hölle!« Schiller greift damit noch tiefer in die Schmutzkiste der Sprache als sein geschätzter Kollege Goethe (siehe »Arschkriecher«, Seite 63). Das meint zumindest das Strafgesetzbuch, demzufolge die Verwendung des Wortes »Hurensohn« mit einem Jahr Gefängnis bestraft werden kann (§ 185 StGB).

Opfer Im Gegensatz zum »Hurensohn« ist »Opfer« ein sehr junges migrantisch geprägtes Schimpfwort. Deswegen liest man manchmal auch »Opfa« und in der Mehrzahl »Opfaz«, »Opfas« usw. wie bei »Mudda« für »Mutter«. Ein Opfer ist schwach, wehrlos, ausgeliefert. Und gerade diese Schwäche ist verachtenswert, weshalb »Opfer« zum Schimpfwort wurde. Es ist heute extrem gebräuchlich und wird manchmal schon scherzhaft positiv verwendet und zwar in der direkten Anrede, ähnlich wie »Alter« (»Alda«), was ja auch eher ein abfälliger Ausdruck ist: »Hey Alda, kommste mit?« – »Ej, du Opfa, klar man!«

MAAMA!
VOLL DAS OPFER!
Heiler

Deine Mudda »Deine Mudda« ist an und für sich kein Schimpfwort. Aber fast. Es gibt, wenn man so will, eine eigene Textsorte der »Deine-Mudda-Sprüche«. Meist haben sie folgende Struktur: Der erste Satz oder Teilsatz enthält eine Eigenschaftszuschreibung »Deine Mutter ist wie bzw. so …«, der Folgesatz liefert die Erklärung bzw. Auflösung der gewollt verstörenden, erst einmal nicht offensichtlichen Beschreibung. »Deine Mutter ist so arm, dass sogar die Enten sie mit Brot bewerfen.« »Deine Mudda ist so haarig: Wenn sie mit ihrem Hund spazieren geht, wird sie zuerst gestreichelt.« »Deine Mudda ist so dumm: Wenn sie zu ›Wer wird Millionär‹ geht, dann macht sie Schulden.« Die Mutter wird als dumm, hässlich – meist fett oder haarig – oder arm beleidigt. Getroffen werden soll aber nicht sie, sondern der Sohn oder die Tochter. Der Mudda-Witz ist inzwischen ein globales Phänomen und kommt wohl ursprünglich aus der afroamerikanischen Jugendkultur der 1960er-Jahre. Da mit bestimmten Migrantengruppen die Familienbeleidigung nach Deutschland gelangte, konnte sich das Sprüchemuster auch hier gut entfalten. Zum Großteil sind die Sprüche so überzogen, dass sie eher lustig als beleidigend sind; manche sind aber doch verletzend und manchmal reicht der Zwei-Wort-Anfang als Beleidigung aus.

Schwuler »Schwul« geht auf das Adjektiv »schwül« zurück. Wie genau der Wetterbegriff auf das Sexualverhalten umgedeutet wurde, ist Gegenstand verschiedener Spekulationen. Der »warme Bruder«, der ebenfalls von Hitze erzählt, klingt heute eher altmodisch. Bezeichnet wird mit dem Ausdruck natürlich ein Homosexueller. Allerdings wird er auch für Heteros oder ganz unabhängig von der geschlechtlichen Vorliebe verwendet – einfach, um zu beleidigen. Das Wort ist eines der wenigen, die sich die damit Stigmatisierten zur Selbstbezeichnung gewählt haben. Deshalb wird das Wort, das einst ausschließlich erniedrigend gedacht war, heute auch neutral sogar im Bundestag, in Erklärungen zu Gesetzen oder in der Nachrichten verwendet. Dabei bleibt es weiterhin als Schimpfwort in Gebrauch. Der sexuelle Bezug verschwindet jedoch zusehends. Ein schwules Fahrrad ist kein rosa Gefährt mit Regenbogenleuchte mehr, sondern einfach ein hässlicher, klappriger Drahtesel. Damit die Beleidigungskraft nicht verloren geht, wird das Adjektiv gern mit einem weiteren Wort kombiniert: »Schwuler Hund« oder »schwule Sau« sind angeblich die häufigsten Beschimpfungen auf deutschen Schulhöfen. Daneben hört man auch Varianten wie »Schwuchtel« oder »Schwanzlutscher«.

Eunuch Wer einen anderen als Eunuchen beschimpft, zielt auf dessen sexuelle Leistungsfähigkeit. Oder schlimmer noch: auf seine Vollständigkeit als Mann. Im Grunde ist ja trotz Grönemeyer bekannt, was einen Mann zum Mann macht. Dieses Teil fehlt dem Eunuchen. Das Wort, auch in seiner Schimpfwortverwendung, ist uralt. Man kann es schon in antiken Schriften finden und auch später immer wieder. Vom österreichischen Schriftsteller Karl Kraus heißt es, seine »Lieblingsscheltwörter« seien »Metze« und »Eunuch« gewesen (was er bestritt). Interessant, dass er die Metze (veraltet für »Nutte« oder »Hure«), also eine sexuell besonders aktive Frau, dem geschlechtlich unfähigen und männlichen Eunuchen gegenüberstellte. Auch heute noch begegnet man dem Wort als Beleidigung hin und wieder, allerdings nicht sehr häufig.

Lappen Der Lappen von heute ist der Lump von gestern. Ob es dem Begriff gelingt, sich langfristig als Schimpfausdruck zu etablieren, wird sich zeigen. Heute ist er in der Jugendsprache sehr gebräuchlich für einen Kerl, der sich hängen lässt und seine Tage lieber auf der Couch als im Fitnessstudio verbringt. Der Lump dagegen ist fast ausgestorben, auch der Lumpenhund oder der pleonastische Haderlump (pleonastisch, weil »Hader« auch nichts anderes heißt als »Lappen« oder »Lumpen«). Ein Lappen – wie ein Lumpen oder Fetzen – ist ein wertloses Textilstück, weich und konturlos. Länger bekannt und in Gebrauch sind »Waschlappen« oder »Jammerlappen« für durchsetzungsschwache, weinerliche, antriebslose Menschen Triebgesteuerten Männern allerdings wird nachgesagt, sie seien »spitz wie Nachbars Lumpi«. Das allerdings bezieht sich weniger auf Putztextilien als auf den rolligen Köter von nebenan. Als Adjektive, die etwas als wertlos oder kümmerlich qualifizieren, findet man je nach Generation und Region »läppisch«, »lapprig«, »labberig« oder »lablert«.

Missgeburt »Missgeburt« ist ein leicht veraltetes und eigentlich relativ neutrales Wort für ein mit schweren Fehlbildungen geborenes Lebewesen. Es ist ein typischer Vorgang, dass Wörter, die Abweichungen vom körperlich und geistig Gesunden bezeichnen, zu Beleidigungen werden. Neben »Missgeburt« gehören »Krüppel« oder »Spast« zu dieser Gruppe. Man kann annehmen, dass diese Wörter – genauso wie andere beleidigende Ausdrücke – nicht stigmatisierend verwendet werden. Soll heißen: Nicht ein tatsächlich von einer Krankheit Betroffener soll erniedrigt werden. Der Beleidigende denkt nicht an geistige oder körperliche Dispositionen, wenn er den Adressaten mit einem solchen Wort verbal zu verletzen versucht. Der politisch inkorrekte Tabubruch macht ein solches Wort aber umso schärfer.

Aslak »Aslak« ist ein ganz junges jugendsprachliches Schimpfwort. Es kommt vom türkischen *asalak*, was »Schmarotzer« oder »Parasit« bedeutet. In dieser Bedeutung wird es vornehmlich verwendet. Aber der Prozess der Verallgemeinerung hat bereits eingesetzt. So kann man mit »Aslak« heute jeden bezeichnen, der einem nicht passt. Dabei helfen wohl auch Klang und Gestalt des Wortes. Manche interpretieren »asozialer Kanacke« hinein, andere »Arschlecker« oder »Arschloch«.

Asi · Assi Diese Wörter bezeichnen die unterste Schicht unserer Gesellschaft. »Asi« ist die »verniedlichende« Abkürzung für »Asozialer«.

NERD HARTZER

Norddeutsche und hochdeutsch Sprechende sprechen ein stimmhaftes S, wie es in »asozial« oder »unsozial« vorkommt. Nun ist aber ein stimmhaftes S nach einem kurzen betonten Vokal nicht so recht vorgesehen. Daher wird immer häufiger ein stimmloses S gesprochen, was zur tatsächlich vom Duden vorgegebenen Schreibweise mit Doppel-s, »Assi«, verführt (allerdings auch zu Verwechslungen mit dem Assistenten, der speziell an der Uni gern zum »Assi« verkürzt wird).

Penner »Penner« ist ein umgangssprachlicher und despektierlicher Ausdruck für einen Obdachlosen und kommt natürlich von »pennen«, was schlicht »schlafen« heißt. Insofern ist auch nicht ganz klar, ob sich die Beleidigung auf die Lebensform inklusive Aussehen, Geruch etc. des Obdachlosen bezieht oder einfach auf den Zustand des Verpenntseins.

Hartzer Beim Hartzer ist klar, was gemeint ist. Wer so bezeichnet wird, soll als mittellos und unwert charakterisiert werden. Wer Sozialleistungen bezieht, hat keine Arbeit und ist abhängig vom Staat: ein Schmarotzer, ein Faulpelz. Dazu kommt, dass »Hartzer« oder »hartzen« ein bisschen nach »Harz« und »harzen« klingt, also nach etwas Klebrigem, das Dreck anzieht. Als Schimpfwort ist der Assi dem Hartzer vorzuziehen. Denn natürlich ist es nicht okay, jemanden zu beleidigen, weil er Geld vom Staat bekommt – die meisten sind sicher nicht gern in dieser Situation. Der Assi oder Asoziale aber ist (wenn das Wort den Beschimpften mit Recht trifft) unsozial. Das heißt, er agiert gegen die Gemeinschaft oder gegen den oder die Gefährten (lateinisch *socius*). Und das gehört sich bekanntlich nicht. Außer natürlich, der Gefährte ist zum Beispiel ein Hurensohn, ein Schwein, ein Arsch oder ähnliches.

In diesem Buch werden Schimpfwörter beschrieben, die benutzt werden, um Personen zu beleidigen. Abwertende Ausdrücke, die sich auf Dinge, Tiere oder Abstraktes wie Missgeschicke und unangenehme Situationen beziehen, tauchen hier in der Regel nicht auf. Manchmal kommt es aber vor, dass »Sachbeschreibungen« auf eine Person übertragen werden. Für diese »Metonymien« (siehe auch Seite 107) sind die beiden folgenden Begriffe Beispiele:

Fellfresse Im Laufe der Evolution hat der Mensch sein Fell abgelegt. Zumindest größtenteils. Ein Mitglied unserer zivilisierten Gesellschaft mit haarigem Gesicht ist eine Fellfresse. Der Trend geht seit einiger Zeit mal wieder hin zur felligen Fresse. Zaghaft etabliert sich aber bereits die Idee, Bärte könnten wieder aus der Mode kommen. Und in mehr oder weniger entfernter Zukunft wird der Hipsterbart out sein. Vereinzelt hört man jetzt schon recht originelle Beleidigungen für gesichtsbehaarte Zeitgenossen, als da wären: Sprechmöse, Gesichtsfotze, Gesichtsmuschi, Fotzenhobler, Schenkelbürste, Rotzbremse, Pornobalken, Filzpappe usw. Sprachwissenschaftlich spricht man von »Metonymie«, wenn die Benennung eines Teils (zum Beispiel das Gesicht oder der Bart) auf das Ganze (den Träger) übertragen wird: »Guck mal die Gesichtsfotze da hinten.« Oder: »Halt's Maul, Sprechmöse!«

Münzmallorca • A(s)sitoaster Eher seltener wird die Bezeichnung eines Geräts auf dessen Nutzer übertragen. Häufiger dient die Art und Weise, wie ein Objekt benannt wird, der Beleidigung des Menschen, der dieses Objekt besitzt und/oder benutzt, siehe zum Beispiel die »Schwanzverlängerung« (Seite 109). Ähnlich wie das als »Arschgeweih« bekannte Steißbeintattoo ist künstliche Bräune, die man im öffentlichen Bezahl-Solarium erwirbt, ein Kennzeichen von Proletentum. Um auszudrücken, dass man nicht an einen natürlichen Mittelmeer- oder Karibik- bzw. Sankt-Moritz-Teint glaubt, beschimpft man den UV-Licht-Junkie als Besucher von »Assitoastern« oder »Münzmalle«.

»ARSCHKRIECHER!«
»SESSELFURZER!«

Kollegen untereinander

FUZZI BONZ

Einleitung

Dem Arsch aus der Personalabteilung müsste man mal das Maul stopfen, den hirnlosen Chef aus dem Fenster schmeißen, und die Praktikantin ist ein dummes Huhn. Die Arbeit bietet mehr Reibungsflächen und potenzielle Konflikte als die meisten anderen Bereiche des Lebens (die Beziehung eventuell ausgenommen): Die Fronten verlaufen horizontal zwischen den Mitarbeitern, zwischen Auftraggebern und Auftragnehmern, vertikal von unten nach oben oder umgekehrt zwischen den hierarchischen Schichten von Chef und mittleren Vorgesetzten bis zu einfachen Angestellten und Hilfskräften. Hinzu kommt die hochbrisante sexuelle Dimension. Immerhin ist das Berufsleben Partnerbörse Nummer eins. Nicht beim Ausgehen und nicht auf einschlägigen Internetseiten lernen sich die meisten Menschen kennen, die später zusammenfinden, sondern bei der Arbeit. Aber nicht nur die Liebe, sondern auch Neid und Intrige spielen am Arbeitsplatz eine große Rolle. Schließlich herrscht hier meist ein immenser Konkurrenzdruck. Es geht um die Karriere, das Einkommen, den Selbstwert und eben auch die Partnerwahl. Arbeit ist Krieg, die bevorzugten Waffen sind zum Glück nur Ellenbogen und Mundwerk. Die meisten Menschen verbringen mehr Zeit im Job als zu Hause. Sie haben also auch mehr Gelegenheiten, einander Ärger zu machen. Die ganz natürlichen, unleugbaren und bisweilen sogar notwendigen Machtverhältnisse schaffen Interessenkonflikte und Abhängigkeiten, die Ungerechtigkeiten und Frust erzeugen. Kollegen werden beschimpft, wenn sie anwesend sind, und es wird über sie gelästert und geschimpft, wenn sie abwesend sind. Sie werden niedergemacht und eingeschüchtert, beleidigt und klein- oder schlechtgeredet, verbal erniedrigt und verletzt. Gründe finden sich immer.

Aber auch ganze Berufsgruppen müssen Beschimpfungen über sich ergehen lassen. In der arbeitenden Bevölkerung gibt es großen Dünkel bei der Beurteilung, welcher Beruf prestigeträchtig ist und welcher peinlich oder minderwertig. Akademiker schauen auf körperlich Arbeitende herab; Handwerker und andere materiell Produzierende verachten brotlose Künstler und Intellektuelle. Großverdiener belächeln Leute mit geringem Einkommen; Geringverdiener mit aufreibenden Jobs gönnen den Miethaien, Immobilien- und Börsenmaklern, Profifußballern und Aufsichtsräten ihre teils absurden Gehälter nicht. Selbstständige, die große Risiken in Kauf nehmen, verachten bisweilen unbefristet Angestellte und hassen die Beamten, die nichts Besseres zu tun haben, als ihnen Steine in Form von Formularen in den Weg zum Wohlstand zu legen.

Und dann gibt es noch die Verachtung gegenüber denjenigen, die den gleichen Beruf ausüben, dies aber (vermeintlich) schlecht: Mediziner, die andere Ärzte für unfähig halten, Handwerker, die Kollegen als Stümper ansehen ... Diese Form der Verachtung hat Begriffe wie »Kurpfuscher«, »Putze«, »Bulle« oder »Rechtsverdreher« hervorgebracht, die dann gern von allen anderen übernommen werden, die unter der beruflichen Inkompetenz leiden müssen oder zu leiden glauben.

Nicht zuletzt entstehen Streitereien im Arbeitsleben häufig zwischen Karrieristen und Arbeitstieren einerseits und latent Überforderten oder Arbeitsscheuen andererseits. Erstere haben die Berufswelt zu ihrem Lebensinhalt gemacht, letztere sehen Wochenende, Urlaub und Ruhestand als Zeitfenster des eigentlichen Lebens an. Die einen schimpfen mit den oder über die anderen.

»Arschkriecher!« »Sesselfurzer!« Kollegen untereinander

Amateur · Dilettant Der Dilettant tut, was er tut, wie man so schön sagt, aus reinem Vergnügen (italienisch *diletto*). Oft beherrscht er seine Sache allerdings nicht besonders gut, und auf diese negative Bedeutung hat sich der Begriff heute reduziert. Er lässt sich herrlich verächtlich ausspucken, wenn jemand pfuscht. Die französische Version des Dilettanten ist der Amateur, der aus reiner Liebe (französisch *amour*, »Liebe«, von lateinisch *amare*, »lieben«) oder Liebhaberei etwas betreibt. Oft nennen sich Menschen selbst »Amateure« oder »Dilettanten« und meinen das nicht abwertend. Sie wollen sich nur gegen den etwaigen Vorwurf der Stümperei absichern. Sie sind eben keine Profis. Früher hatte diese Selbstbezeichnung auch praktische Gründe. Die professionellen Musiker vergangener Jahrhunderte mussten als Angestellte nämlich den Dienstboteneingang benutzen. Man wollte aber lieber durch den prestigeträchtigeren Haupteingang. Also nannten sich die Musiker kurzerhand »Dilettanten«, also »Hobbymusiker«. Das half wohl. Heute ist eigentlich nur der Bedeutungsbestandteil »nicht profimäßig« geblieben, also unprofessionell und somit stümperhaft. »Stümper« hat übrigens dieselbe Wurzel wie »stumpf«. Und nur ein Quacksalber (siehe Seite 74) verwendet unscharfe Skalpelle und nur ein lausiger Hobby-Handwerker arbeitet mit stumpfen Werkzeugen.

Fachidiot Der Fachidiot ist Experte auf seinem Gebiet, ein ausgezeichneter Quantenmechaniker oder Lagerist, aber darüber hinaus taugt er nicht viel. Ihm wird das Vermögen abgesprochen, über den Tellerrand zu schauen, flexibel zu sein und sich auf Fachfremdes einzulassen. Fachidioten sind Spezialisten für ein vielleicht zu kleines Gebiet. In Österreich sagt man breit »Fachtrottel«. Das ist sogar noch treffender: Er oder sie bleibt stets in seinem/ihrem Trott und wenn nicht, trottet er oder sie planlos umher.

Arschloch Es gibt wohl niemanden, der es nicht schon im Mund führte: »Arschloch« ist nicht nur gefühlt, sondern tatsächlich das häufigste Schimpfwort im Deutschen, zumindest wenn man eine Person beleidigen will. (Beim reinen Fluchen ist es »scheiße« – man sieht den Zusammenhang.) Dass das Schimpfwort an dieser Stelle, im Kapitel über die Arbeitswelt, auftaucht, dürfte niemanden verwundern, der schon einmal mit einem Arschloch zusammenarbeiten musste. Jeder weiß aber, und das trägt sicher zur Popularität bei, dass das Schimpfwort universell einsetzbar ist. Nach wie vor empfinden wir »Arschloch« als derb. Es schleift sich kaum ab. Und das, obwohl ein gewisser turnschuhtragender Joschka Fischer es bereits 1984 im Bundestag – also auch auf der Arbeit – verwendete: »Herr Präsident, Sie sind ein Arschloch, mit Verlaub.« Es hat seiner Karriere nicht geschadet. Wie nur wenige andere Schimpfwörter hat »Arschloch« ein gestisches Gegenstück: Interessanterweise kann diese Fingerhaltung aber auch »alles in Ordnung, alles top« bedeuten. Mildere Variationen mit »Arsch« – zu nennen wären »Arschkeks« und »Arschgeige« – sind ebenfalls nicht ungebräuchlich.

Pfeife Die Pfeife ist vielleicht nicht fies wie das Arschloch. Aber sie kann nichts, ist unfähig, kriegt im Job nichts gebacken. Im schlimmsten Fall kann man auf so einen Kollegen (oder so eine Kollegin) pfeifen oder ihn bzw. sie in der Pfeife rauchen. Die ältere oder niederdeutsche Version hat das p noch nicht zum pf oder f verschoben: Eine Piepe oder Flitzpiepe ist eine dümmliche Person, eine zu der man sagt: »Bei dir piept's wohl?« Akustisch ist da einiges los, den Schuss haben die Pfeifen und Piepen dieser Welt aber trotzdem nicht gehört. Die Herkunft des Begriffs erklärt sich möglicherweise so: Eine Pfeife ist ein maximal primitives Musikinstrument, produziert sie doch nur einen einzigen Ton. Simpler, also beschränkter, geht es nicht. Und so ist der Kollege, der als »Pfeife« bezeichnet wird, auch einer, von dem man keine großen Töne und Taten erwarten kann.

Blender Das Wort ist quasi selbsterklärend: Der Blender blendet. Man trifft ihn oft im Leben und besonders häufig im Berufsalltag. Er ist nicht selten ein Karrierist, bei dem es zur Erfolgsstrategie gehört, andere zu täuschen. Denn wer geblendet ist, sieht nicht klar. Das hilft dem Blender, der angibt, was das Zeug hält, und sich darzustellen versteht, ohne wirklich etwas zu leisten. Es gehört zu den Ärgernissen im Job, dass solche Angeber mit ihrer Taktik nicht selten Erfolg haben. Deshalb sagt man dem Blender die Beleidigung auch meist nicht ins Gesicht, sondern spricht mit anderen über ihn (»Der Typ ist ein echter Blender!«) und wünscht sich, dass der Chef doch erkennen möge, wie hell zu glänzen man selbst imstande ist.

Drückeberger Es zeichnet sich ab, dass der Begriff etwas aus der Mode kommt. Das liegt jedoch mit Sicherheit nicht daran, dass es weniger Menschen gibt, die aus Faulheit oder Furcht einer bestimmten Aufgabe oder Arbeit aus dem Wege gehen, sich vor ihr drücken. Die wird es immer geben. Wahrscheinlich war sogar jeder von uns schon mal ein Drückeberger. Sprachlich interessant ist vor allem der zweite Teil des Wortes: -berger. Es ist nicht klar, wie man ihn linguistisch deuten soll. Gemeint ist wohl kein Berger, der sich drückt, und auch nicht der Herr Berger, der zwischen Weihnachten und Silvester stets Urlaub hat. Es gibt den verwandten Schlauberger, bei dem ebenso unklar ist, wer oder was oder »wie viele« sich dahinter verbergen.

Arschkriecher Da ist er wieder, der Arsch, diesmal aber eher in passiver Funktion – jemand kriecht in ihn hinein und das nicht ohne Grund: Der Arschkriecher würde alles Mögliche tun, um einem anderen zu gefallen. Nicht selten ist dieser andere ein Vorgesetzter. Man lobt ihn überschwänglich, wenn auch oft unverdient, um einen Vorteil zu erlangen: eine Beförderung, eine Vertrauensposition, eine Gehaltserhöhung. Ein ganz vergleichbares Konzept wird vom Wort »Schleimer« abgedeckt.

MEIER, SIE SIND EIN ARSCHKRIECHER!
DANKE, CHEF! DAS HABEN SIE SCHÖN GESAGT!
Heiler

»Arschlecker« und »Arschküsser« sind äußerlich ähnliche Ausdrücke, bedeuten aber bisweilen etwas anderes. »Leck mich am Arsch« heißt »Lass mich in Ruhe!« und nicht »Sag, dass ich schön und klug bin!« Der Ausspruch, der auch »schwäbischer Gruß« genannt wird, führt uns flugs in die Hochkultur, in der man aber nicht eben feiner ist. Bei Goethe liest man im »Götz von Berlichingen«: »Er kann mich *im* Arsche lecken.« Und Mozart komponierte einen Kanon mit dem Titel »Leck mich *im* Arsch« (KV 231). Wie oft im Schimpfbereich wird bisweilen abgemildert: Um zu sagen, was wohl gesagt werden muss, reicht schon »Leck mich …« oder »Leck mich am Ärmel«, dennoch haben Gerichte geurteilt, dass der ganze Spruch – in der Hitze des Gefechts geäußert – nicht strafbar ist.

Dünnbrettbohrer Hauptsache, es wird überhaupt gebohrt, möchte man meinen. Auch Dünnbrettbohrer muss es doch geben, nicht jedes Brett kann dick sein. Handelt es sich also nur um eine Spezialisierung im Schreinergewerbe? Ist der Dünnbrettbohrer gar ein auf Laubsägearbeiten spezialisierter Fachidiot? Nein. Als Dünnbrettbohrer bezeichnet man einen Kollegen, der nicht viel leistet, jemand, der nicht viel bewegen kann, sondern nur kleine Aufgaben zu bewältigen vermag. Es kann aber auch jemand gemeint, sein, der den Weg des geringsten Widerstandes geht – nach dem Motto: nicht mehr als nötig. Er bohrt dort, wo das Stück Holz am dünnsten ist. Hauptsache, es wird überhaupt gebohrt. Anders gestrickt ist da der …

Karrierist Der Karrierist ist der Streber im Berufsleben. Das lateinische Wort *carrus* bedeutet »Wagen«. Dieser fährt eine Straße entlang. Übertragen auf das Erwerbsleben ist mit dieser Straße die berufliche Laufbahn gemeint, französisch *carrière*. Das Wort oder Konzept »Karriere« ist eigentlich nicht negativ besetzt. Karriere zu machen ist sogar erstrebenswert und honorig. Nur sollte es dabei mit rechten Dingen zugehen, die hohe Position oder das üppige Gehalt sollte ehrlich verdient sein.

Der Karrierist aber pfeift auf Moral und Kameradschaftlichkeit. Job ist Job. Man geht nicht ins Büro, um sich Freunde zu machen, sondern um Erfolg zu haben, dicke Fische an Land zu ziehen und die dann – am besten auf dem Rücken anderer – ins Büro des Chefs zu transportieren. Sagen wir doch, wie es ist: Der Karrierist ein Kollegenschwein (siehe Seite 69). Ein Karrierist ist sich aber auch nicht zu fein für die Besetzungscouch. Dieses Möbelstück dient dazu, einen Vorgesetzten mit sexuellen Mitteln von den eigenen Qualitäten und der Notwendigkeit einer Beförderung zu überzeugen. Beide Beteiligte handeln moralisch verwerflich, jedenfalls in den Augen des als nächstes beschriebenen Kollegen.

Moralapostel Während ein Karrierist manchmal die Grenze zur Ungesetzlichkeit überschreitet, zumindest aber auf die allgemein anerkannten Gepflogenheiten des Umgangs miteinander pfeift, gibt es eine Spezies, die sich genau auf das Gegenteil spezialisiert hat: Lautstark und permanent pochen die Moralapostel auf moralisch korrektes Benehmen. Die zwölf Apostel des Neuen Testaments waren unbestreitbar Männer. Menschen, die andere über menschlich einwandfreies Benehmen belehren, können jedoch beiderlei Geschlechts sein. Wörtlich sind Apostel »Gesandte« oder »Boten«. Moralapostel fühlen sich also als Botschafter und Verkünder der guten Sitten. Dabei ist – ebenfalls aus biblischem Kontext – längst bekannt, dass nur derjenige berechtigt ist, den ersten Stein zu werfen, der selbst ohne Sünde ist. Eine solche Person zu finden, ist schwer bis unmöglich, insbesondere am Arbeitsplatz.

Fuzzi Der Fuzzi ist die männliche Entsprechung zur Tussi. Er gilt als unfähig und überflüssig; Dienste verrichtet er schlecht und umsonst. Die Bildzeitung bezeichnete einst den damaligen Präsidenten des Bundesverbands der Deutschen Industrie als Fuzzi und lieferte in der Annahme, die Leserschaft wisse nicht genau, was ein Fuzzi überhaupt sei, die Erklärung aus dem Duden gleich mit: »nicht ganz ernst zu nehmender

Mensch«. Diese Bedeutung geht wohl auf Fuzzy, den schrulligen, lustigen Helden einer amerikanischen Westernserie der 1940er-Jahre zurück, der das Pendant zum coolen Macho-Cowboy bildete. Er war damals überaus beliebt. Heute ist der Begriff »Fuzzi« innerhalb eines zusammengesetzten Wortes nur noch ein Negativ-Suffix (vor allem im Unterhaltungsbereich): Werbefuzzi, Schlagerfuzzi, Pressefuzzi, Fernsehfuzzi, Kulturfuzzi, Unterhaltungsfuzzi, Medienfuzzi, Wetterfuzzi.

Prahlhans »Mein Haus, mein Auto, mein Boot.« Die Sparkassen-Werbung aus dem Jahr 1995 ist bis heute unvergessen. Hier treffen zwei ausgemachte Prahlhanse aufeinander. Sie sind stolz auf ihren erworbenen Besitz und tun dies lauthals kund. Prahlen kann man aber mit allem Möglichen: mit seinem Können, seinem Aussehen, seinem Vermögen, seiner sexuellen Attraktivität und Potenz, seiner Intelligenz, seiner Herkunft, seiner Verwandtschaft, seinen Kindern. seinem Werk und Schaffen. Für einen Menschen, der dies gern und häufig tut, gibt es neben »Prahlhans« sehr viele verschiedene Ausdrücke. Allerdings wird kaum differenziert. Es gibt keine speziellen Ausdrücke für Angeber auf sexuellem oder intellektuellem oder beruflichem Gebiet. Auch scheint es kaum Abstufungen derart zu geben, dass ein Protz nur leicht angibt, während ein Aufschneider vor Prahlsucht kaum noch gehen kann. Mit den meisten Begriffen, jedoch nicht mit allen, sind Männer gemeint. Die Kollegin kommt weitgehend ungeschoren davon. Wörter wie die Prahlhänsin, die Großprotzin oder -prötzin oder eine Möchtegerne gibt es nicht. Für den Kollegen, der stets den besten Deal abgeschlossen, das Projekt am schnellsten durchgezogen oder die meisten Nächte durchgearbeitet hat, stehen dagegen zahllose Schimpfwörter zur Verfügung: Angeber, Aufschneider, Großmaul, Maulheld, Großkotz, Großschnauze, Großfresse, Sprüchemacher, Sprücheklopfer, Wichtigtuer, Zampano ...

Kotzbrocken Ekelerregende Substanzen sind beim Beleidigen immer eine solide Basis. Beim Kotzbrocken haben wir es mit einem der seltenen Fälle von nicht fäkalen Körperausscheidungen (anders als Scheißkerl, Kackbratze, Pissnelke, Miststück) zu tun. Der Effekt beim Sich-Vergegenwärtigen ist aber nicht weniger widerlich. Widerlich ist wohl auch der Mensch, der despektierlich als »Kotzbrocken« bezeichnet wird. Das geschieht im Übrigen meist in Abwesenheit des Betreffenden, was beim Arschloch oder Wichser anders ist. Im direkten Wortgefecht hört man häufiger: »Du kotzt mich an!« Aber es ist wohl typisch für das berufliche Umfeld, dass man die direkte Konfrontation scheut und sich lieber das Maul über einen abwesenden Kollegen zerreißt. Weitere nicht fäkale Ausscheidungen finden wir in den Wörtern Brechmittel, Rotzlöffel, Rotznase, Schleimi, Schleimer, Speichellecker, Wichsgriffel, Eiterbeule, Stinkstiefel oder Maulpesto. Letzteres bedeutet »schlechter Atem/Mundgeruch« und ist angeblich ein Jugendwort, das neben »Alpha-Kevin« und »merkeln« zur Wahl des Jugendwortes 2015 stand.

Intrigant Eines ist der Intrigant sicher nicht: ein Dummkopf. Man muss schon ein Minimum an Grips besitzen, um sich eine Handlungsstrategie auszudenken, mit der man die Konkurrenz geschickt aus dem Weg räumt und sich Vorteile verschafft, ohne dass der Verdacht auf einen fällt, etwas damit zu tun zu haben. Man muss Menschen gegeneinander aufhetzen und ausspielen, Gerüchte streuen und falsche Fährten legen. Es ist ein Spiel mit dem Feuer. Denn wenn er es doch nicht so clever anstellt, ist es der Intrigant selbst, der am Ende vor dem Scherbenhaufen seiner Karriere steht. Auch deshalb ist die Intrige in der Literatur das Salz in der Suppe. Könige und Helden fielen ihr zum Opfer. Heute sind es Freunde, Bekannte, Verwandte und eben Kollegen, die auf die unlauteren Tricks des Intriganten hereinfallen.

Simulant Am Morgen klingelt im Büro das Telefon. Am Ende der Leitung ist nur mit größter Anstrengung ein schwaches Stimmchen zu vernehmen. Ein Kollege haucht, er sei krank, sterbenskrank. Mal wieder der, dieser Simulant! In machen Berufen kommt ein solches Verhalten seltener vor, in anderen ist Krankfeiern gang und gäbe. Nun sind die Bezeichnungen »Intrigant« und »Simulant« für Leute, die Ränke schmieden bzw. Krankheiten vortäuschen, durchaus korrekt und also nicht automatisch Schimpfwörter. Nur wird das Verhalten solcher Personen so verachtet, dass die reine Bezeichnung eine negative Bedeutungskomponente erhält und als Beschimpfung aufzufassen ist.

Stinkstiefel Der Stinkstiefel ist zunächst einmal ein übellauniger, mürrischer Mensch. Doch er murrt und muffelt nicht einfach vor sich hin oder in sich hinein, sondern er stänkert; die etymologische Verwandtschaft ist offensichtlich. Ein Stinkstiefel ist jemand, der Ärger macht. Er provoziert aktiv und bringt Unruhe in ein Kollektiv. Angeblich kommt der Begriff aus der Militärsprache. Die Treter von schwitzenden Soldaten hatten wahrscheinlich einen besonders irritierenden Geruch und daher besonders viel Unruhe stiftendes Potenzial.

Kollegenschwein »Kollegenschwein« ist eine sehr starke Negativbezeichnung und quasi ein Sammelbegriff für all die vielen ganz unterschiedlichen Arschlöcher, die einem speziell im Arbeitsleben begegnen. Der Ökonom und Karriere-Coach Bernd Slaghuis hat sich ausführlicher mit dem Kollegenschwein beschäftigt und liefert auf seiner Website eine Typologie von Vertretern der Gattung: Ideenklauer, Anschwärzer, Vorteilskämpfer, Lästermäuler, Diven (w/m), Hypochonder, Klugscheißer, Sesselpupser bzw. -furzer, Intriganten, Abtaucher und Alleingänger. Der Autor Hans Ludwig Herder schrieb gar einen Roman mit dem Titel »Das Kollegenschwein«. Natürlich handelt er von Mobbing, der Lieblingsbeschäftigung von Kollegenschweinen.

__Hoch in der Hierarchie__ und außerhalb des Karriere-Klein-Kleins des Berufslebens stehen die Leiterinnen und Bosse, die Chefinnen und Bonzen, die Direktorinnen und Frühstücksdirektoren. Manche von ihnen stehen unverdientermaßen so weit oben auf der Karriereleiter, insbesondere natürlich die Hochstapler.

Bonze Der Bonze sitzt fett und zufrieden ganz am oberen Ende der »Nahrungskette«. Er ist reich, gemein, verfressen und skrupellos. Er hat sein Geld mit krummen Geschäften verdient und seine Macht durch Intrigen, Vetternwirtschaft oder ähnlich unlautere Methoden erlangt. So war das mal nicht gedacht: Ursprünglich war »Bonze« nämlich ein Titel, der in Japan Priestern zum Zeichen der Ehrerbietung verliehen wurde. Kolonialherren brachten das Wort nach Europa mit, wo es eine leicht abwertende Komponente erhielt, weil man nun scheinheilige christliche Geistliche so bezeichnete. Später, zu Anfang des letzten Jahrhunderts, diffamierte man im deutschen Sprachraum manchen Hauptakteur der Sozialdemokratie als Bonzen und meinte damit einen überheblichen Funktionär, der nur auf den eigenen Vorteil bedacht war. Heute bezeichnet man generell die Machthabenden, die sich selbst genügen, als Bonzen, daneben auch Menschen, die ihren Reichtum gern zur Schau stellen. Eine weibliche Form scheint nicht zu existieren, dafür aber eine Steigerung, den Oberbonzen.

Frühstücksdirektor Der Frühstücksdirektor hat offiziell eine hohe Stellung im Unternehmen oder der Gesellschaft inne. Tatsächlich übt er aber aufgrund fehlender Kompetenz keine wirkliche Führungsrolle aus. Stattdessen geht er mit Kunden und Gästen »frühstücken« oder erfüllt andere rein repräsentative Aufgaben, ohne echte Verantwortung zu tragen. Eine andere Erklärungsvariante bezieht sich auf die spärliche Anwesenheit der betreffenden Führungskraft im Unternehmen. Sie taucht am Morgen auf, zeigt sich kurz und verschwindet

»Arschkriecher!« »Sesselfurzer!« Kollegen untereinander

dann für den Rest des Tages wieder (wahrscheinlich, um sich dem süßen Nichtstun hinzugeben). Etwas allgemeiner und übertragen ist »Frühstücksdirektor« eine Bezeichnung für jemanden, der sich selbst ziemlich wichtig nimmt, aber in Wahrheit ein ganz kleines Licht ist.

Hochstapler Der Hochstapler ist auch so ein Kandidat, der den Schein mehr liebt als das Sein (oder Tun). Er täuscht eine höhere berufliche Position und gesellschaftliche Stellung oder das Potenzial dazu vor. Im schlimmsten Fall mit kriminellen Mitteln: Amtsanmaßung, Titelmissbrauch, Urkundenfälschung. Was Richtiges gelernt hat er oftmals nicht, aber verkaufen kann er sich, das muss man ihm lassen. Interessant ist die Herkunft des Wortes: »Stapeln« bedeutet eigentlich »betteln«; Hochstapler sind also eigentlich vornehm (»hoch«) tuende Bettler. Bis heute gehört es zum Hochstapeln dazu, sich so zu verhalten, wie es in der jeweiligen gesellschaftlichen Schicht oder Berufsgruppe üblich ist. Beruhigend ist, dass die meisten irgendwann auffliegen – echtes Können ist also doch noch wichtig. Berühmtestes Beispiel der Literaturgeschichte ist Thomas Manns Felix Krull; ein prominenter Hochstapler der jüngeren Filmgeschichte ist Frank Abagnale jr., verkörpert von Leonardo DiCaprio in »Catch Me If You Can« (2002). Hochstapler auf so hohem Niveau gibt es sicher selten. Wer jemanden als Hochstapler beschimpft, drückt aus, dass er sein Gegenüber für inkompetent, falsch und verlogen hält.

Verachtung, Vorbehalte, Anfeindungen gibt es nicht nur unter Mitarbeitern eines Unternehmens. Auch ganze Berufsgruppen müssen sich despektierliche Bezeichnungen gefallen lassen. Manchmal steckt Neid dahinter (etwa auf die Sicherheit von Beamten), manchmal Herablassung gegenüber vermeintlich minderwertigen Berufen. Oft sind es allerdings Menschen der gleichen Profession, die ihre Kollegen als schlechte Beamte, Friseure, Ärzte, Arbeiter oder Anwälte abqualifizieren. Die entsprechenden Schimpfwörter wurden dann gern von der Allgemeinheit übernommen.

Sesselfurzer Gemütlich hat er es in seinem Bürostuhl, von dem er sich höchstens erhebt, um sich eine Leberkässemmel zu holen. Er verschanzt sich hinter seinem Computer, tut wichtig und dreht eigentlich nur Däumchen. Er ist der Inbegriff des trägen Beamten, der alle, die etwas von ihm wollen, auflaufen lässt. Während der »wahre« Arbeiter, der Werteschaffende, der Produktive und Kreative durch eigener Hände Arbeit etwas herstellt, produziert, schafft, sitzt der Sesselfurzer seinen Arbeitstag einfach nur ab, furzt dabei ins Sesselkissen und verdient auch noch besser als die meisten anderen. Mehr als heiße oder körperwarme Luft ist vom Sesselfurzer nicht zu erwarten.

Tippse • Putze • Friseuse • Saftschubse

Die Schreibkraft, die Gebäudereinigerin, die Friseurin und die Flugbegleiterin – diese Frauen müssen es sich (eigentlich ja nicht) gefallen lassen, dass sie und ihre Tätigkeit herabgewürdigt werden. Dabei sind die meisten Menschen regelmäßig auf sie angewiesen. Die Tippse allerdings stirbt allmählich aus, denn reine Schreibkräfte werden kaum noch gebraucht; Sekretärinnen übernehmen heute oftmals komplexe Aufgaben der Büroorganisation. Was allen vier Bezeichnungen gemein ist, ist die Wortform, die Abwertung suggeriert: Es wird eine Kurzform gebildet – vielleicht um anzudeuten, dass die Tätigkeit nicht vollwertig ist –, die mit der »weiblichen« Endung -e abschließt. Dieser Laut (linguistisch heißt das kurze, stets unbetonte e »Schwa«) gilt als minderwertig. Dem diskriminierenden Sprachgebrauch will man neuerdings entgegenwirken, indem man Bezeichnungen schafft, die »besser« klingen. Dass das manchmal nach hinten losgeht, ist bekannt. Benennungen wie »Facility Managerin« oder »Hairstylistin« provozieren Spott und Hohn. So einfach lässt sich Wertschätzung nicht einfordern.

Winkeladvokat · Rechtsverdreher

Dass es für Juristen eigene Beleidigungen gibt, verwundert nicht. Es ist schließlich ihre Aufgabe, sich mit anderen und für andere zu streiten. Zudem fühlt sich der Laie ihnen manchmal hilflos ausgeliefert, weil er oft weder ihre komplizierte Sprache noch ihre Gedankengänge versteht. Der erste Begriff meint einen Anwalt (»Advokat« ist das früher gängige Wort für den Rechtsanwalt), der mit fragwürdigen Mitteln und ohne die erforderlichen Kenntnisse arbeitet. Er tut das im Winkel, also heimlich und unbefugt. Klar, dass sich ein Jurist durch die Bezeichnung bei seiner Ehre gepackt fühlt. Und so verwundert es nicht, dass die Sache vor Gericht ging: Seither darf man einen Anwalt nicht mehr ungestraft als »Winkeladvokaten« schmähen – es sei denn, es gibt einen Sachbezug. Dann fällt die Bezeichnung unter Meinungsfreiheit. Rechtsverdreher können neben Rechtsanwälten auch Staatsanwälte oder Richter sein – eben alle, die Recht »biegen«, beugen oder missbrauchen können. Man unterstellt dem so beschimpften Juristen, dass er das Gesetz auf unmoralische Weise beugt. Allerdings findet man auch Juristinnen und Juristen, die sich wie Schwule oder Huren souverän oder mit einer Portion Selbstironie selbst mit dem vermeintlichen Schimpfwort bezeichnen oder gar anpreisen. Denn der Anwalt, der clever genug ist, das bestehende Recht für sich bzw. seinen Mandanten optimal auszureizen, muss ein ziemlich guter sein.

Baurülps Diesem Bauarbeiter fehlen alle Manieren. Er furzt laut und öffentlich, pfeift Frauen nach und säuft. Wenn der Baurülps (auch Baustellenrülps oder Baubudenrülps) sich hinkniet oder bückt, wird am Ansatz der Arschspalte zudem ein eindrucksvolles Bauarbeiterdekolletée sichtbar.

Kurpfuscher · Quacksalber · Zahnklempner

Der Beruf des Mediziners ist bis heute einer der prestigeträchtigsten. Das liegt wohl daran, dass er ganz unmittelbar dafür verantwortlich ist, das Wertvollste des Menschen – sein Leben bzw. seine Gesundheit – zu erhalten oder wiederherzustellen. Unterläuft dem Arzt aber ein Fehler, ist die Konsequenz oft fatal, wenn nicht lebensgefährlich. Menschen, die es mit einem inkompetenten Vertreter dieser Berufsgruppe zu tun hatten, sind daher verständlicherweise sehr aufgebracht. Da fällt schon mal das eine oder andere diffamierende Schimpfwort. Als »Kurpfuscher« bezeichnete man früher Ärzte, die ohne Ausbildung und ohne Approbation versuchten, Menschen zu heilen, und dafür entsprechende Honorare einstrichen. »Kur« kommt von lateinisch *curare*, »pflegen, heilen«, »Pfusch« hängt mit »futsch« (»kaputt, verloren«) zusammen. Heute meint man damit generell unfähige, schlecht und nachlässig arbeitende Ärzte. »Quacksalber« ist ein ähnlicher, etwas älterer Begriff zur Bezeichnung von ärztlichen Scharlatanen. Das Wort erinnert klanglich an das hochgiftige Quecksilber, hat damit aber gar nichts zu tun. »Quack« kommt von niederländisch *kwacken*, »schwatzen«, »prahlen«. Der Quacksalber ist also einer, der seine Salben und Tinkturen lauthals anpreist. Damit rückt er in die Nähe des dilettantischen Apothekers, der auch als »Giftmischer« oder »Pillendreher« beschimpft wird. »Zahnklempner« ist hingegen ein spezieller Ehrentitel für Zahnärzte, besonders für grobmotorische, rabiat-ruppige Exemplare, die den sensiblen Mundraum mit einem Toilettenbecken verwechseln.

Bulle Sagt man »Hornochse« oder »dumme Kuh« zu einer Person, kommen weder der Mensch noch das Tier gut dabei weg. Freundlich kann also auch »Bulle« nicht gemeint sein. Oder doch? Tatsächlich bedeutet »Bulle« so viel wie »kluges Köpfchen«. Im 18. Jahrhundert nannte man die Gendarmen »Landpuller«, »Bohlwer« oder »Bohler«. Der Ursprung dieser Wörter liegt in dem niederländischen Begriff *bol*, was »kluger Mensch« bedeutet und mit Kühen nicht das Geringste zu tun hat. Ein »Bulle« ist demnach ein Mensch mit Hirn, ein Beamter der Exekutive wie man ihn sich nur wünschen kann. Erst in den wilden 1960er-Jahren wandelte sich der Begriff im Zuge der Anti-Establishment-Bewegung zum Schimpfwort für einen Polizisten. Das Amtsgericht Bonn stufte ihn im Jahr 1965 erstmals als Beleidigung ein und verhängte eine Geldstrafe von 50 DM. Nach einer Entscheidung des Landgerichts Essen aus dem Jahr 1980 gilt das Wort »Bulle« bis heute als Beleidigung, wenn damit ein Polizist gemeint ist. Alternativ könnte man es ja mal mit »Rindvieh« versuchen.

Schmierfinken · Paparazzi Der Schmierfink ist kein Sperlingsvogel nach einer Ölkatastrophe, sondern ein gewissen- und niveauloser Journalist. Das Wort, obwohl es so alt nicht ist, hat eine längere Sprachwandelgeschichte. Zunächst meinte man damit dreckige Menschen (bis heute nennt man ja Kinder, die die Marmelade vom Frühstücksbrötchen im ganzen Gesicht verteilen, »kleine Schmierfinken«). Später kam zum rein körperlichen der moralische Aspekt hinzu. Aufgrund des Wortbestandteils »schmier« bot sich die Übertragung auf Leute, die schreiben, geradezu an. Etwas milder, aber dennoch negativ konnotiert ist der »Schreiberling«. Der Paparazzo ist der fotografierende, ebenso unmoralische wie aufdringliche Kollege des Schmierfinken. Eigentlich ist Paparazzo ein harmloser italienischer Nachname, der dem Regisseur Federico Fellini so gefiel, dass er den aufdringlichen Pressefotografen in seinem Film »La dolce vita« (1960) so nannte. Von da an wurde der Name zum Synonym für eine ganze Berufsgruppe, die insbesondere Prominenten das Leben schwer macht.

Die folgenden zwei Schimpfwörter *sind heute im aktiven Sprachgebrauch kaum noch vorhanden, im passiven Wortschatz halten sie sich.*

Pfaffe »Pfaffe« war mal ein ganz neutraler Titel für katholische Priester. Erst durch Luther, der bekanntlich streng mit dem geistlichen Stand seiner Zeit ins Gericht ging, bekam er einen abwertenden Beigeschmack. Inzwischen kann man Geistliche aller christlichen Konfessionen so beschimpfen, wenn auch der Ursprung rein katholisch ist. Denn natürlich kommt »Pfaffe« von *papa*, »Papst«. Die Lautverschiebung machte aus p erst pf, dann f bzw. ff und reduzierte den Vokal am Ende des Wortes. Reduziert ist in unserer heutigen, immer weniger religiös geprägten Gesellschaft auch der Einfluss kirchlicher Würdenträger, weshalb sich keiner mehr so sehr über sie aufregt und das Schimpfwort im Verschwinden begriffen ist.

Pauker Strenge Lehrer im 17. Jahrhundert paukten ihren faulen Schülern das Wissen ein, indem sie mit dem Rohrstock auf deren Hintern schlugen wie ein Schlagzeuger auf sein Instrument, die Pauke. Wenn die Schläge oder die Schmerzensschreie laut genug waren, musikologisch-italienisch *forte fortissimo*, dann beherrschten die Lernenden den Stoff aus dem »ff« oder »Effeff«. Es bleibt ein Rätsel, warum die sonst so kreativen Jugendlichen keine neuen Schmähwörter für die Lehrer gefunden haben. Obwohl diese Berufsgruppe oft genug Ziel von Spott, Ablehnung und Diffamierung ist – meist natürlich seitens der Schüler, aber auch seitens der Eltern und anderer, die neidisch auf die ach so langen Ferien sind –, hat sie keine neueren Schimpfbezeichnungen generiert. Der antiquierte »Pauker« bleibt schon allein deshalb am Leben.

Quoten und der Trochäus

Das Schimpfwort »Goldrock« ist hierzulande nicht sehr populär. Es stammt aus Norwegen und bezeichnet weibliche leitende Angestellte, die ihre Position weniger ihrer Kompetenz als der Frauenquote zu verdanken haben. Aufgrund der gesetzlich vorgeschriebenen ziemlich hohen Quote stehen verhältnismäßig wenige Frauen relativ vielen für Frauen bestimmten Positionen gegenüber. Daher bekleiden manche Frauen mehrere Stellen nebeneinander und verdienen sich dabei eine goldene Nase (oder eben einen goldenen Rock). Das bei uns gängige Schimpfwort für Profiteurinnen der gesetzlichen Proporz-Forderung ist »Quotenfrau«. Dieses Wort ist ein Kompositum mit »Quote« als Bestimmungs- und »Frau« als Grundwort. »Frau« ist ein einsilbiges Wort. Alle sonstigen Begriffe in dieser Bestimmungswort-Position, die man so findet, sind dagegen zweisilbig. Wenn ein einfaches zweisilbiges Wort auf der zweiten Silbe betont ist, sagt man, es habe die lautliche Struktur eines Jambus: Soldat, Genuss, Betrieb, Baron, Paris, Berlin. Wenn es dagegen auf der ersten Silbe betont ist, spricht man von einem Trochäus: Katze, Haufen, Mutter, Oma, London, München. Außer bei der Quotenfrau sind alle Nomen, die Komposita mit »Quote« bilden, Zweisilber mit Trochäusbetonung. So viel zur Lautgestalt. Was die Bedeutung betrifft, bezeichnet das Grundwort stets einen tatsächlich oder vermeintlich Schwachen und Unterrepräsentierten: Quotenossi, Quotentussi, Quotenheini, Quotenmoslem, Quotenschwuler, Quotenhomo, Quotenjude, Quotenneger, Quotenfranke (in Bayern), Quotensachse …

VON ARMLEUCHTER BIS KACKBRATZE

Beleidigungen für dumme und hässliche Mitmenschen

Einleitung

Seit jeher ist es ein Hauptziel oder zumindest ein großer Wunsch des Menschen, sowohl körperlich als auch geistig fit zu sein. Aus der römischen Antike stammt die Idee, dass beides zusammengehört: »*Mens sana in corpore sano*«. Ein gesunder Geist sei in einem gesunden Körper, darum solle man beten, empfahl der Satiriker Juvenal. Tatsächlich sind Gesundheit und Klugheit überaus erstrebenswert. Fehlt eines davon oder gar beides, spürt man den Mangel bitterlich. Ja, man fühlt sich defekt und in seiner Existenz bedroht. Man leidet schrecklich an seiner eigenen Unvollkommenheit. Und dazu kommt: Den Mitmenschen bleibt der Mangel in der Regel nicht verborgen. So wird die Schwäche oft zum Ziel von Hohn und Spott. Lauthals weisen die lieben Kollegen, Nachbarn und »Freunde« auf die wunden Punkte, die heiklen Dinge hin. Physische Gesundheit scheint leicht erkennbar zu sein. Jugendlichkeit, Stärke, Leichtigkeit und Anmut in den Bewegungen sprechen dafür, dass jemand fit ist. Ein gesunder Körper wird als schön empfunden und umgekehrt: ein schöner Körper muss gesund sein. Denn Krankheit hinterlässt hässliche Spuren.

Aber nicht nur Gesundheit macht schön. Viele Ästhetikforscher gehen davon aus, dass ein Gesicht als umso schöner empfunden wird, je näher die Züge am Durchschnitt liegen. Will heißen: Das theoretisch allerschönste Gesicht wäre ein vollkommen durchschnittliches, allerdings nicht im Sinne von Allerweltsgesicht, sondern eines, dass sich aus dem statistischen Mittel ergäbe, wenn man Tausende und Abertausende Gesichtsprofile mathematisch übereinanderlegte. Das wiederum heißt: Jede Abweichung vom Mittelwert schlägt ins Hässliche, ins Unattraktive: (zu) lange Nase, (zu) weit oder (zu) eng stehende Augen, (zu) große oder (zu) kleine, keine oder schiefe Zähne, Warzen, Flecken und sonstige Unsymmetrien. Ähnlich ist es beim Körper: zu dünn, zu dick, zu groß, zu klein, zu blass, zu dunkel – jegliche Abweichung von der Norm wirkt sich negativ auf die Attraktivität aus.

Anders ist es beim Geist. Generell gilt hier: je klüger desto besser. Erst wenn Klugheit zu Genialität wird und beginnt, Schrullen zu produzieren, und es spürbar wird, dass Intelligenz und Wahnsinn eng beieinanderliegen, hört die bedingungslose Bewunderung gelegentlich auf. Auch wenn sie mit ihrer Intelligenz oder Bildung hausieren gehen und andere erniedrigen, verlieren kluge Menschen ganz schnell die Achtung, die sie ansonsten meist genießen. Dumme, begriffsstutzige Menschen dagegen werden generell eher verachtet oder lächerlich gemacht, wobei es natürlich immer eine Sache der Perspektive ist, was als dumm wahrgenommen wird.

Dass sowohl unattraktive als auch Menschen, die sich dumm anstellen oder die Dinge einfach nicht blicken, Ziel verbaler Beleidigung werden, liegt auf der Hand. Es gibt daher jede Menge Ausdrücke für (vermeintlich) Hässliche und Dumme. Nett ist das nicht und politisch korrekt auch nicht, aber darauf wird im Bereich der Schimpfwörter selten Rücksicht genommen. Im Gegenteil, es ist sogar ihr Kennzeichen, Tabus zu brechen.

Der erste Abschnitt dieses Kapitels ist den intellektuell Schwachen gewidmet. Sie fechten einen imaginären Streit mit den vorgeblich Klugen aus. Da es für Dumme viel mehr Ausdrücke als für unangenehme Intelligente gibt, stehen immer zwei Ausdrücke für Blöde einem für Klügere gegenüber. Im zweiten Abschnitt werden Schöne und Nichtschöne als Schimpfende gegenübergestellt.

Armleuchter Das harmlose Wohnaccessoire hat als Schimpfwort eine recht ansehnliche Karriere hingelegt. Warum, dafür gibt es zwei Erklärungen. Die eine führt das Wort auf einen Tabuersatz zurück. Ähnlich wie Scheibenkleister, fängt der Begriff so an wie der, den man eigentlich nutzen möchte: Schei .... Scheiße oder eben Ar ... Arschloch. Um sich nicht angreifbar zu machen, verwendet man den neutralen, eigentlich »unschuldigen« Begriff. Ob der allerdings wirklich so harmlos ist, wie er klingt, ist schon Gegenstand juristischer Dispute gewesen. Eine Beleidigung ist »Armleuchter« allemal, die Frage ist, wie gravierend sie ist. Die andere Deutung liefert die Begründung dafür, warum der Begriff in diesem Kapitel auftaucht: »Armleuchter« wird nämlich meist als Synonym für »Dummkopf« oder »Idiot« benutzt. So ein Armleuchter, der ja nichts weiter ist als ein tragbarer Kerzenhalter, macht eher funzeliges Licht. Entsprechend ist die beschimpfte Person mental keine große Leuchte.

Dumpfbacke Diese Bezeichnung für einen törichten, einfältigen Menschen ist vor allem interessant für Liebhaber von Film und Fernsehen. Angeblich machte der Film »Zur Sache, Schätzchen« mit Uschi Glas von 1968 das Wort populär. Die Kombination aus »dumpf« als Bestimmungs- und »Backe« als Grundwort ist einigermaßen originell, ergibt wörtlich genommen allerdings keinerlei Sinn. Dennoch versteht man problemlos, was gemeint ist: ein schlichtes Gemüt, das die Welt nicht kapiert. In der US-Serie »Eine schrecklich nette Familie« wird die naive Tochter von ihrem Vater Al Bundy als »Dumpfbacke« bezeichnet. Im Original nennt er sie *pumpkin* (»Kürbis«), was weit liebevoller klingt als die abwertende Bezeichnung in der deutschen Übertragung. Die Dumpfbacke Kelly Bundy ist aber nicht nur dümmlich, sondern auch sehr sexy und vor allem blond. »Blondine« ist heute auch fast schon ein Schimpfwort. Meist sagt man es aber *über*, nicht *zu* einer Frau, die helles Haar und nicht viel im Kopf hat.

... ICH KENN ECHT KEINEN GRÖSSEREN KLUGSCHEISSER WIE DICH!
... ALS DICH!
Heiler

Klugscheißer Der Normalfall ist, dass Menschen beleidigt und beschimpft werden, weil sie (vermeintlich) dumm sind oder sich dumm anstellen. Wer als Klugscheißer bezeichnet wird, muss immerhin ein paar Anzeichen von Geistesbesitz aufweisen. Der Klugscheißer schafft es aber, sein tatsächliches oder eingebildetes Wissen so penetrant und wichtigtuerisch vor sich herzutragen, dass man es ihm übelnimmt. Vor allem, wenn er, was oft der Fall ist, sein Gegenüber spüren lässt, dass er sich ihm geistig überlegen fühlt. Ähnlich ist es beim Besserwisser. Zu jüngeren, gern frühreifen Exemplaren dieser Spezies sagt man auch »Naseweis«, zu älteren Herren auch »Oberlehrer«. Warum ein Intelligenz-Angeber als »Scheißer« bezeichnet wird, kann man nur so erklären, dass das Exkrement hier ganz abstrakt für etwas Schlechtes, Unangenehmes steht.

Kretin »Kretin« ist ein bildungsbürgerliches, dünkelhaftes, gern in der Schriftsprache gebrauchtes Wort für Blödmann, Hohl- oder Dummkopf, Idiot usw., also für einen geistig nicht ebenbürtigen oder zurechnungsfähigen Menschen. Wer es heutzutage benutzt (»Du Kretin!«), muss womöglich selbst mit Hohn und Spott rechnen. Arrogante Klugscheißer sind, wie wir gerade gesehen haben, nicht sehr beliebt. Das Wort kommt aus dem Französischen und kann eigentlich aufgrund seiner Form nur auf Männer angewendet werden. Herkunftswörterbücher sind sich über den Ursprung nicht einig. Die gängigste Annahme ist, dass es von altfranzösisch *crestien* kommt, was »Christ« oder »christlich« bedeutet, und als »unschuldig« und »naiv« gedeutet werden kann. »Kretinismus« war früher eine andere Bezeichnung für Schwachsinn, also geistige Handicaps aller Art. Man nannte die Menschen, die daran litten, »Kretins« im Sinne von »arme Christenmenschen«. Der Aspekt der Unschuld schwingt da auch mit.

HOLZKOPF

Blödmann Was dieses sehr häufige Schimpfwort bedeutet, ist offensichtlich. Besondere Originalität kann man dem, der einen anderen so tituliert, also nicht nachsagen. Linguistisch ist es aber nicht ganz uninteressant. Erstens muss man feststellen, dass keine weibliche Form existiert, wobei man »Blödfrau« oder »Blödmännin« gelegentlich hört. Auch die in Wörterbüchern genannten Synonyme Blödian, Depp, Dummkopf, Trottel, Volltrottel, Penner, Dummerjan bilden keine weiblichen Formen. Dummköpfin oder Deppin sind quasi unmöglich, erst recht gibt es keine »Blödianne« oder »Dumme(r)jana«. Wer Frauen mangelnde Intelligenz unterstellen will, muss sich an die Haustiere halten: »blöde bzw. dämliche Kuh«, »dumme Gans« oder »doofe Pute« stehen da zur freien Auswahl. Zweitens folgt der erste Teil des Wortes einem gängigen Muster beim Sprachwandel: Körperliche Unzulänglichkeiten werden auf geistige übertragen. »Blöd« hieß früher einfach »körperlich schwach«; »blöde Augen« finden wir heute noch in den (Original-)Texten der Brüder Grimm oder bei Wagner und Fontane. »Doof« folgt demselben Konzept; es hat dieselbe sprachliche Wurzel wie »taub«. Und »dumm« gehört zu »stumm«. Besonders leicht erkennen wir einen Bedeutungswandel beim Schwachmaten (siehe Seite 46). Dieser ist nämlich kein Schwächling oder Hänfling, sondern ein Idiot, ein Dummer.

Neunmalkluger Mit dem Neunmalklugen haben wir wieder einen besserwisserischen Rechthaber vor uns. Er fühlt sich – so scheint's dem Normalbemittelten – neunmal klüger als seine Mitmenschen. Er ist ein naher Verwandter des Siebengescheit. Die entsprechenden Adjektive »neunmalklug« und »siebengescheit« werden gern auf naseweise und frühreife Kinder angewandt. Spott klingt auf jeden Fall mit, aber weniger Verachtung als beim Klugscheißer.

Hohlkopf · Holzkopf Das Gehirn befindet sich bekanntlich im Kopf, weshalb beide Wörter oft synonym verwendet werden. Nix im Kopf zu haben heißt, nix im Hirn zu haben. Nicht viel schmeichelhafter als der Hohlkopf ist der ganz ähnlich klingende Holzkopf. Dann herrscht im Kopf zwar keine Leere, aber Holz ist eben nicht Hirn. Es ist unbeweglich, starr und fest. Aus einem Holzkopf kommt kein kluger Gedanke, wenn überhaupt einer.

Idiot · Vollidiot »Ich Idiot!« »Du Idiot«! »So ein Idiot!« – Dieses Schimpfwort ist universell einsetzbar: Man kann es zu jemanden sagen, über jemanden, zu Männlein und Weiblein. Seine Erfolgsstory begann vor langer Zeit. Es hat nämlich seine Wurzel im Altgriechischen. Dort bezeichnete es einfach nur freie Menschen, die sich nicht am öffentlichen Leben beteiligten, also Privatleute, die sich aus der Politik raushielten. Das ist ja per se nichts Verwerfliches und auch damals hatte der Begriff zunächst keine negative Bedeutung. Allerdings hielten viele große griechische Philosophen (von Ausnahmen abgesehen) nicht viel von einem Rückzug ins Privatleben. So bekam das Wort einen negativen Touch. In der römischen Antike war der Idiot schon fast rein negativ konnotiert: ein Laie, eine inkompetente Person, jemand ohne Bildung. In den modernen Sprachen, so auch im Deutschen, bedeutet »Idiot« ganz klar »dummer Mensch«. Da das Wort so gängig ist, ist es noch nicht einmal extrem beleidigend. Zur Steigerung wird gern ein »voll« vorgeschaltet (Vollidiot), zur verniedlichenden Abschwächung eine Kurzform mit i-Endung gebildet (Idi). Zu besonderem Ruhm ist der »Idiot« gelangt durch den gleichnamigen Roman von Dostojewski. Die Hauptgestalt Fürst Myschkin leidet an Epilepsie und verbringt Jahre in einem Schweizer Sanatorium, in dem seine »Idiotie«, wie er seine Erkrankung selbst nennt, relativ erfolgreich behandelt wird. Dennoch gilt er auch später wegen seiner kindlich-naiven Art in der Gesellschaft als »Idiot«, eben als Dummkopf. Schon lange bezeichnet man geistige Behinderungen oder Mängel offiziell und

HOLZKOPF

medizinisch nicht mehr als »Idiotie«. Doch der Volksmund hält sich nicht daran: Die bekannteste Untersuchung zur mentalen Fitness in unserer heutigen Zeit – sie dient der Einschätzung der Fahrtauglichkeit und heißt Medizinisch-Psychologische Untersuchung (MPU) – nennt er schlicht »Idiotentest«.

Intelligenzbolzen · Intelligenzbestie

»Intelligenzbolzen« und »Intelligenzbestie« sind Ausdrücke, die das geistige Niveau einer Person anerkennen. Sie haben aber durchaus einen leicht abwertenden, im besten Falle scherzhaften Anklang. Womöglich lehnt man andere Eigenschaften des so Bezeichneten ab. Er oder sie ist trotz (oder wegen) seiner überdurchschnittlichen Intelligenz unsympathisch, moralisch nicht integer oder arrogant. Nicht selten gerieren sich die Bolzen und Bestien besonders besserwisserisch.

Intelligenzler Als »Intelligenzler« bezeichnet man abschätzig einen akademisch gebildeten Menschen, der für die Niederungen der einfachen, nicht geistig-wissenschaftlichen Existenz, also für das normale Leben, nicht besonders geeignet ist. Er zählt sich selbst zu Elite, scheitert aber an den kleinen Dingen des Alltags. Ein guter Anlass für die nicht so Klugen, um aufzutrumpfen.

Intelligenzverweigerer · Intelligenzflüchtling · geistiger Tiefflieger Dies ist eine kleine Auswahl ironischeroder sarkastischer Bezeichnungen von intelligenten und gebildeten Personen für solche, die geistig nicht so beweglich sind. Diesen wird entweder unterstellt, dass sie dumm bleiben wollen oder dass sie nicht anders können.

Dödel · Depp · Dussel · Dämlack Wer seinem Gegenüber eines dieser Wörter an den Kopf wirft, drückt aus, dass er ihn für dumm hält oder sein Verhalten dumm findet. Die Beleidigung ist nicht gar so stark, aber schmeichelhaft ist keiner der Begriffe. Sprachlich ist Folgendes interessant: Eine weibliche Form existiert in der Regel nicht: eine Deppin oder Dödeline ist fast undenkbar. Außerdem findet man in den Dialekten eine große Menge an Varianten. Im Süden gibt es noch Dolm, Doldi und Dodel, im Norden Dämlack und Döspaddel. Sie gehen vielfach auf unterschiedliche Wurzeln zurück (Dussel auf Dusel = »Schwindel, Rausch, Schlaf«; Depp auf tappen = »unsicher gehen«; dämlich auf dämeln = »nicht recht bei Sinnen sein«), aber sie haben eins gemeinsam: Sie beginnen alle mit einem D. Wenn man sich vergegenwärtigt, dass in jüngster Zeit unter Linguisten wieder ein gewisser Zusammenhang von Aussprache und Bedeutung vermutet wird, könnte man meinen, ein D am Wortanfang stehe für wenig Grips. Allerdings fängt auch das deutsche Wort für die wichtigste geistige Tätigkeit mit D an: Denken.

Erbsenzähler Beim Erbsenzähler geht es nicht wirklich um Intelligenz, sondern um einen anderen Gegenpol der Einfältigkeit. Der Begriff bezeichnet ironisch abwertend einen auf größte Genauigkeit und Vollständigkeit bedachten Menschen, der oft genug anderen, die auch mal fünfe gerade sein lassen, das Leben schwer macht. Allerdings hat das Wort einen Bedeutungswandel durchgemacht. Noch vor dem Ersten Weltkrieg nannte man einen knauserigen und geizigen Menschen einen Erbsenzähler; später hat sich die Bedeutung dann erweitert und verschoben hin zum Kleinlichen und Pedantischen. Der berühmteste Erbsenzähler der Geschichte war der Reiseführer-Erfinder und Verleger Karl Baedeker. Einer Anekdote zufolge soll er die Stufen des Mailänder Doms gezählt und sich dabei mithilfe von Erbsen in der Hosentasche der Anzahl versichert haben – hinauf und zur Kontrolle hinab. Dass das Wort deswegen in die deutsche Sprache Eingang fand, stimmt wohl nur zum

Dumme alt und neu

Jemanden zu beleidigen, indem man ihm unterstellt, er sei wenig intelligent, ist sehr populär. Und wie so oft, wenn in der Sprachgemeinschaft etwas Emotionales verbalisiert wird, nutzt sich der psychologische Effekt nach einer Weile ab. Deshalb sind die sogenannten expressiven Ausdrücke besonders gefährdet, beim Sprachwandel unter die Räder zu kommen und auszusterben. Ein paar veraltete Ausdrücke zum Beschimpfen eines geistig minderbemittelten Menschen sind »Tropf«, »Tor« oder »Narr«. Man versteht sie noch, gebraucht sie aber nicht mehr. Der ebenfalls aus der Mode gekommene Tölpel ist auch ein Dummer, aber neben seiner psychisch-mentalen Unzulänglichkeit schwingt auch die Unterstellung einer physischen Ungeschicklichkeit mit. Andere Begriffe halten sich oder werden wieder »modern« wie der Schwachmat, der im Kapitel über jugendliche Schimpfgewohnheiten beschrieben ist. Auch in den anderen Kapiteln finden sich Ausdrücke für Unterbelichtete: So haben wir bei den Schimpfwörtern zwischen Männern und Frauen den Vollhorst, im Straßenverkehr den Vollpfosten; bei den Dialektschimpfwörtern häuft es sich geradezu – da gibt es etwa den norddeutschen Döspaddel oder den österreichischen Dolm – und auch in anderen Ländern dieser Erde scheint es jede Menge Dummköpfe zu geben wie den russischen *durak*, das englische Spatzenhirn *birdbrain* oder die französischen *conard* und *conasse* (Blödmann und Dummfrau).

Teil. Und ob die Geschichte überhaupt wahr ist, steht auch nicht fest. Wenn ja, ist sie zumindest gut erfunden. In der Bedeutung vergleichbare Wörter sind »Korinthenkacker« oder »Pedant«. Nah dran ist auch der »Beckmesser« nach der gleichnamigen Gestalt in Richard Wagners Oper »Die Meistersinger von Nürnberg«.

Prolet Er wird besonders gern abgekürzt: zu Prolo, Proll oder Prol. Schon »Prolet« ist eine Verkürzung von Proletarier. Proletarier waren bei Karl Marx die Angehörigen der ausgebeuteten Klasse, also die Zukunftsträger, die qua sozialer Schicht moralisch Überlegenen, weil Ausgebeuteten, die Schöpfer aller Werte, denen die Zukunft gehören sollte in der angestrebten klassenlosen Gesellschaft, der »höchsten Form der Demokratie«. Das war für die Philosophen der DDR die »Diktatur des Proletariats«. Heute bezieht sich die Bezeichnung »Prolet« immer noch auf eine gesellschaftliche Schicht. »Bildungsfern« würde man sie wahrscheinlich nennen. Eine Herrschaft der Prolls sehnt sich (zumindest hierzulande) wohl keiner herbei. Meist schwingt ein ironischer Ton mit und vor dem geistigen Auge erscheinen Cindy aus Marzahn (Ossi) oder Dennis aus Hürth (Wessi), man denkt an Mario-Barth-Zujubler, Mantafahrer mit Kampfhund, Sonnenstudio-Besucherinnen mit Arschgeweih und Ballermann-Urlauber mit Bier und Sangria-Kübeln, auf jeden Fall an Menschen, die weder über Intelligenz noch über Anspruch verfügen.

Bauer »Bauer« ist fast die einzige Berufsbezeichnung, die zum Beleidigen herhalten muss. Als Bauer wird jemand beschimpft, der sich durch ungehobeltes, primitives, kulturloses Benehmen hervortut. Bauern sind gleich doppelt stigmatisiert: Zum einen gelten sie als die Provinziellen, die Landeier, abgeschnitten von der urbanen Kultur (»Dorftrottel!«). Zum anderen schreibt man ihnen traditionell einen sehr niedrigen sozialen Stand zu – ohne Bildung und materiellen Wohlstand. Mit modernen Landwirten hat das alles wenig zu tun. Aber ist der Ruf erst ruiniert, ...

Hund »Hund« ist das älteste belegte Schimpfwort. Es ist über 3000 Jahre alt und kommt über den ganzen Erdball verstreut vor. Man mag sich fragen, warum der treue, kluge und meist geliebte Vierbeiner dazu genutzt wird, andere Menschen zu beleidigen. Es ist wohl seine Unterwürfigkeit, die als Sinnbild für ein unwürdiges Leben steht. Wer jemanden einen Hund nennt, drückt aus, wie sehr der Beschimpfte in seinen Augen unterhalb der Menschenwürde steht. Allerdings scheint das Wort allein nicht (mehr) stark genug zu sein, weshalb oft – wie bei den meisten Tierworten – ein verstärkendes Adjektiv oder Bestimmungswort vorgeschaltet wird: dummer, fauler oder Sau- oder Schweinehund. Goethe prägte den heute nicht mehr so häufigen Lumpenhund. Zur Ehrenrettung des Vierbeiners muss man hinzufügen, dass der Hund zu der Kategorie »Schimpfwort zwischen Beleidigung und Anerkennung« gehört, vergleichbar dem Luder oder Macho (siehe Seite 19). Im Bairischen ist »Hund« meist sogar ein Ausdruck von Anerkennung. Es heißt dort so etwas wie »Schlitzohr« im positiven Sinne, wird aber nicht so oft *zu* jemandem, eher *über* jemanden gesagt: »Der Xaver is scho a Hund«. Will heißen: Der hat's drauf; der ist aber gescheit! In einem größeren Sprachgebiet sagt und hört man in vergleichbarer Weise: »Der Franz ist ein Fuchs!« (Die weiblichen Hunde sind die Hündinnen, englisch *bitches*; da sind wir aber bei einer anderen Bedeutung, siehe Seite 48.)

Rindvieh Da haben wir schon das nächste Haustier, das als Schimpfwort für jemanden missbraucht wird, der dumm ist oder sich dumm anstellt. Es scheint auch gut anwendbar für Männer und für Frauen zu sein: Sowohl »Rind« als auch »Vieh« sind sächlich und somit geschlechtlich nicht »vorbelastet«. Interessant ist, dass auch viele andere Begriffe aus dem tierischen Bereich wie Kuh, Ochse, Bulle, Mondkalb oder Hornochse im Deutschen häufig fürs Beleidigen genutzt werden. Klar, dass das in Kulturen, wo Rinder verehrt werden wie zum Beispiel in Indien, nicht so ist. Aber selbst in Sprachen und Kulturkreisen, die uns ganz nah sind, ist

Tiernamen als Schimpfwörter

Insbesondere die Kuh produziert eine Riesenmenge an Schimpfwörtern, vornehmlich für intellektuell unterbelichtete Vertreterinnen des weiblichen Geschlechtes, wobei bisweilen auch Männer so bezeichnet werden. Die »Formel« dahinter lautet: zuerst ein Adjektiv, das verminderte oder abwesende Gescheitheit bezeichnet: dumme, blöde, dämliche, doofe (eher norddeutsch), damische, depperte (süddeutsch) usw. und dann ein Substantiv, welches ein weibliches erwachsenes Haustier bezeichnet: Kuh, Gans, Sau, Pute, Ziege (norddeutsch), Geiß (süddeutsch). Es kommen auch noch ein paar Nicht-Haustiere infrage, zum Beispiel die Schnepfe oder seltener die Wachtel. Die Kombinationsmöglichkeiten sind zahlreich: Aus den hier genannten Wörtern ergeben sich mindestens schon sechs mal sechs, also 36.

Andere Tiernamen-Kombinationen sind spezifisch und somit festgelegt. So gibt es eine Art »lexikalische Solidarität« zwischen Ente und lahm: Die lahme Ente ist uns vertraut, eine blöde Ente ist vollkommen ungebräuchlich. Man kennt auch keine dumme Schlange, denn eine Schlange ist »im Normalfall« falsch, hinterlistig oder giftig, eine Hündin läufig, eine Elster diebisch. Ein Esel ist vorzugsweise störrisch, bisweilen dumm, aber nicht geil. Geil ist ein Bock; ein Bock kann auch stur sein, aber ein dämlicher Bock ist kaum denkbar. Während »geiler Bock« fast mit Sicherheit negativ gemeint ist, nämlich als Bezeichnung eines sexuell überspannten, sabbernden und vielleicht sogar übergriffigen Mannes, ist eine geile Sau eher als Kompliment zur verstehen, allerdings aus einer sehr männlich-sexistischen Perspektive.

HOLZKOPF

es für die Sprecher befremdlich, ein friedliches, nützliches und für viele niedliches und unschuldiges Tier (Kuhaugen) für verbale Aggressionen zu verwenden.

In der Runde der Hässlichen und Schönen *ist der Proporz noch viel ungleicher als bei den Dummen und Schlauen. Nur höchst selten wird jemand angepflaumt, weil er zu hübsch ist. Varianten des Hässlichen gibt es dagegen zahllose.*

Babyface Obwohl es eher selten ist, dass das Jüngerschätzen einer Person in Form einer verbalen Attacke geschieht, kommt auch das vor. Meist dann, wenn jemand als zu unreif für eine Sache empfunden wird. Man will die oder den Betreffenden vielleicht als zu jung und grün für Sex oder sonstige »Erwachsenensachen« abkanzeln. Dieselbe Bedeutung wie »Babyface« hat »Milchgesicht« – in beiden Fällen wird maßlos übertrieben und der Säugling zum Vergleich herangezogen. Die Erklärung im Duden zu Milchgesicht lautet: »junger, unerfahrener Mann«. In der Tat bezieht sich der Ausdruck vorwiegend auf Männer – und der Milchbubi natürlich erst recht.

Brillenschlange · Blindschleiche Trägt jemand eine Brille, kann man darauf schließen, dass der Sehsinn dieser Person nicht besonders gut ausgeprägt ist – eine physische Schwäche liegt vor, die schon per se als unattraktiv empfunden wird. Handelt es sich dann noch um ein unschönes Modell mit dicken Gläsern, kommt es häufig zu Beleidigungen wie »Brillenschlange« oder »Blindschleiche«. Sind die Gläser allerdings dünn und dunkel getönt, steigert das die Attraktivität des Trägers oder der Trägerin sogar – die Sonnenbrille ist eben kein Zeichen eines Defizits, sondern einer besonderen Coolness. Da die normale optische Brille für viele ein Merkmal von Bildung und Intelligenz ist, laufen Träger und Trägerinnen auch Gefahr, mit Begriffen wie »Klugscheißer«,

»Streberin« oder »Intelligenzler« bezeichnet zu werden. Wer den Schaden hat, ...

Nebelkrähe Auf Nichtornithologen wirkt der düstere, mausgraue bis nachtschwarze Vogel eher hässlich – und auch irgendwie männlich. Er hat eine tiefe Stimme und wird von Unkundigen gern »der Rabe« genannt. Die Krähe wird also plötzlich zum Maskulinum. Wissenschaftler wollen nun herausgefunden haben, dass Maskulinum, Männlichkeit und Grobschlächtigkeit (oder sogar Hässlichkeit) in Zusammenhang stehen. Der Name der fast rabenhaften Krähe scheint somit gut geeignet, um unattraktive Frauen zu beleidigen.

Kackbratze Eine Bratze ist eigentlich eine Pfote oder Tatze (wer Italienisch oder Spanisch kann, erkennt die Verwandtschaft zu *braccio* oder *brazo*). Im Duden gibt es nur die Pratze mit derselben Bedeutung wie Pranke: »grobe, derbe Hand«. Von b zu p – das ist eine ganz bekannte Lautverschiebung, ähnlich wie die von p zu f. Sprachhistorisch gesehen »unzulässig«, aber dennoch naheliegend ist die Modulation von Bratze zu Fratze. Die bezeichnet im Deutschen eine Grimasse oder einfach ein weniger schönes Gesicht. Für viele Nord- und Westdeutsche ist die Bratze schon keine Hand mehr, sondern das Gesicht und zwar ein eher unansehnliches. Die Kackbratze ist nur die Steigerung – in welche Richtung ist klar. Andere Ausdrücke ähnlicher Aussage sind Gesichtsbaracke, Gesichtsmofa, Gesichtskrapfen oder Gesichtsfünf. Anders als bei diesen kann man aber davon ausgehen, dass eine Kackbratze auch keinen tollen Körper hat und somit eine rundum hässliche Person ist. Der Komiker Kurt Krömer soll den Begriff geprägt haben, und seine Kollegin Anke Engelke wurde einst als »Deutschlands Bratze Nr. 1« bezeichnet (nicht als »Kackbratze«!).

Hackfresse Wer eine Hackfresse hat, ist eine Hackfresse. »Hackfresse« ist die Bezeichnung für ein hässliches Gesicht. Wieso »Fresse« »Gesicht« bedeutet, ist sprachwissenschaftlich klar. Es kommt oft vor, dass ein Teil für das Ganze steht (pars pro toto): Man sagt »10 Euro pro Kopf« oder »20 Euro pro Nase« – das Geld bekommt oder bezahlt aber sicher der gesamte Mensch. »Fresse« (von »fressen«, das vulgär für essen steht) bezeichnet wörtlich das Speiseorgan, also den Mund(bereich), metaphorisch das Gesicht oder den gesamten Kopf. Der wird nun von »Hack« bestimmt. Beim Suchen nach Bildern von Hackfressen im Internet zeigen fast alle Ergebnisse Gesichter mit übergroßen langen Zähnen. Vielleicht spürt die Sprachgemeinschaft den Bedeutungs- und Wortherkunftszusammenhang von »hacken« und »hauen«. Hauer sind die übergroßen herausragenden Zähne des Wildscheins. Das wird wohl auf die Vorstellung eines unschön dimensionierten Antlitzes übertragen (ähnlich beim Pferdegebiss).

Schönling · Gockel · Pfau Alle drei sind schimpfwortartige Ausdrücke für gut aussehende männliche Personen. Gockel und Pfau müssen gar nicht so schön sein. Sie sind es vielleicht, vor allem aber halten sie sich für unwiderstehlich und attraktiv, was sie unsympathisch macht. Der Schönling ist dagegen einer, der wohl wirklich sehr gut aussieht, dem man aber sonstige positive Eigenschaften wie Intelligenz, Zuverlässigkeit, Moral etc. abspricht. Er ist schön, aber sonst eben nichts.

Fettsack Der Fettsack ist ein unangenehmer, übergewichtiger Mensch, fast immer übrigens ein Mann. Warum »fett« als Bestandteil eines Schimpfwortes für Dicke vorkommt, muss wohl nicht erklärt werden. »Sack« ist nicht ganz so offensichtlich. Allerdings ist er einerseits mit Lappen, Fetzen und Lump(en) verwandt, die oft Teil von Beleidigungen sind. Andererseits bezeichnet man mit »Sack« die Hoden oder das, wo die »Eier« drinstecken. Und Genitalvokabeln sind häufige

Schimpfwortbestandteile, siehe auch den schwäbischen Säckel oder Seggl (Seite 124).

Planschkuh • Wuchtbrumme Über die Bedeutung des Begriffs Planschkuh (oder Plantschkuh) scheint sich die deutsche Sprachgemeinschaft nicht ganz einig zu sein, ähnlich wie über die Schreibung mit oder ohne t. Die meisten meinen damit eine dickliche Frau. Für manche wohnt dem Begriff allerdings auch ein liebliches, kosendes Moment inne. Am einleuchtendsten ist die Erklärung, wonach Planschkuh ein kindliches, älteres oder naives Wort für Nil- oder Flusspferd ist. In der Tat haben diese am und im Wasser lebenden Tiere eher Ähnlichkeit mit Kühen (oder Schweinen) als mit Pferden. Auf jeden Fall sind sie fette, wuchtige Lebewesen und somit zur despektierlichen Bezeichnung beleibter (weiblicher) Personen geeignet. »Wuchtbrumme« ist ein Ausdruck aus den 1960ern mit der gleichen Bedeutung. Zunächst wurde er durchaus positiv verstanden im Sinne von »Die ist 'ne Wucht!«. Das konnte sich auf das Äußere der gemeinten Dame beziehen, aber auch auf ihre Power. Sie hat eben »Hummeln im Hintern«, womit wir beim zweiten Wortteil wären: Hummeln werden umgangssprachlich auch als »Brummen« bezeichnet und gelten als dicke ungelenke, laute, aber ungefährliche Verwandte der Bienen. So kommt es wohl, dass »Wuchtbrumme« heute eher für schwere, große Frauen verwendet wird.

Trampel Der Planschkuh und Wuchtbrumme ein bisschen ähnlich ist der oder das Trampel (oder das Trampeltier). Ein Trampel ist ungeschickt, ungestüm und ungelenk. Wohl, weil es meist dicklich und bewegungseingeschränkt ist. Mit Trampel werden vor allem Frauen bezeichnet, was interessant ist, weil das Wort grammatisch sächlich oder männlich ist. Nun sind das Mädchen und das inzwischen veraltete Fräulein auch grammatisch sächlich, also neutral, aber hier handelt es sich um Verkleinerungsformen auf -chen bzw. -lein; die sind immer neutral. Wenn sich allerdings ein sächliches oder männliches Substantiv, das kein Verkleinerungsausdruck (Diminutiv) ist, ausschließlich auf weibliche Wesen bezieht, hat es immer einen negativen Beigeschmack: das Weib, das Frauenzimmer, das schwäbische Ripp und in manchen Gegenden das Mensch. Oder auch die despektierliche Bezeichnung für die Bundeskanzlerin: das Merkel.

Hänfling · Hungerhaken Das andere Extrem im Figurbereich ist der extrem dünne, gebrechliche Mensch. Im Streit kann es gut vorkommen, dass ein als Fettsack Bezeichneter sein Gegenüber mit Ausdrücken wie »Hänfling« (ein kleiner harmloser Singvogel, der sich von Hanf ernährt), »Hungerhaken« oder auch »Spargeltarzan« zurückschlägt.

(Gift-)Zwerg Ein auffällig kleiner Mensch wird vor allem dann beleidigt, wenn er neben der mangelnden Größe eine weitere, wirklich unangenehme Eigenschaft besitzt. So ist »Giftzwerg« ein Scheltwort für einen kleinen Mann, der dazu noch bösartig ist. Andere Wörter zur Erniedrigung von nicht groß gewachsenen Menschen sind eher ironisch als aggressiv-herabwürdigend: Furz, Erdnuckel, halbe Portion. Bei Frauen ist geringe Körpergröße kein sonderlicher Makel, insofern gibt es kaum oder keine Extrawörter.

Bohnenstange · Lulatsch · Oschi Der Widerpart des Kurzgeratenen ist die Bohnenstange oder der Lulatsch. Beide sind normalerweise auch wieder Männer und sehr schlank. Ähnlich der Schlacks, der aber als großer, drahtiger Kerl von vielen sogar als recht attraktiv empfunden wird. Etwas Großes, aber Massiges ist der Oschi, ein Ausdruck, der nicht auf Menschen beschränkt ist. Auch Pickel, Pilze, Fische usw. können Oschis sein. Die Herkunft ist nicht geklärt. Ungewöhnlich ist auf jeden Fall, dass etwas Überdimensioniertes mit einer

Verniedlichungsform bezeichnet wird, die auf i endet wie Mami, Baby, Püppi. (Manche behaupten, es sei die Verkleinerungsform des jiddischen Oschek, eines Begriffs, der ursprünglich allerdings etwas ganz anderes, etwas Juristisches nämlich, bezeichnet.)

Vogelscheuche Eine Vogelscheuche ist so abstoßend unattraktiv, dass man ihr nicht zu nahe kommen will oder sogar vor ihr flieht, wie es die Tiere auf dem Feld tun. Dort ist genau dies Sinn und Zweck der Vogelscheuche, die nicht nur grauslich aussieht, sondern auch noch klappert und lärmt. Die menschliche Vogelscheuche sieht im Hässlichsein sicher nicht den Sinn ihrer Existenz. Aber sie gibt sich auch nicht viel Mühe, ihr Äußeres aufzuhübschen.

»AUS DEM WEG, SONNTAGSFAHRER!«

Wüstes aus dem Straßenverkehr

KAMPFRADLE

Einleitung

Laut dem umfangreichsten Buch zum Schimpfen im Deutschen (Pfeiffer 1996) ist der Ort, an dem bzw. in dem am meisten geschimpft wird, das Auto. Wissenschaftlich nachgewiesen und statistisch belegt ist das nicht. Dennoch ist es nachvollziehbar und täglich erlebbar, dass ein Auto bei stressigem Verkehr tatsächlich zu den Räumen gehört, wo besonders viel geschimpft wird. Genau genommen handelt es sich allerdings eher ums Fluchen als ums Schimpfen oder Beleidigen, denn bei diesem Sprechakt ist ein direktes Gegenüber als Ziel der Beschimpfung nicht notwendig. Das ist auch der wesentliche Grund, warum das verbale Äußern von Aggressionen dermaßen leicht fällt und besonders rüde ausfällt: Die Beschimpften sind außer Reich- und vor allem Hörweite. Sie werden in den meisten Fällen gar nicht mit den ausgestoßenen Beleidigungen konfrontiert. Hier erfüllt das Schimpfen vor allem den Zweck des Druckabbaus. Besonders, wenn man im Auto allein ist, geht das Schimpfen in seiner Wirkung kaum über das Fluchen über einen unbelebten Gegenstand oder eine Erscheinung hinaus (»Scheißding!« »Mistwetter!«). Und auch, wenn es Mitfahrende gibt, sind sie nicht die Adressaten der Beschimpfung, sondern werden gleichsam zu Komplizen des Schimpfers oder der Flucherin. Der Gegner bleibt der andere Verkehrsteilnehmer, der als rücksichtlos oder dumm empfunden wird. Oder einfach so langsam fährt, als hätte er den ganzen Tag Zeit (wahrscheinlich ein Rentner!). Ähnliche Schimpfsituationen ergeben sich beim gemeinschaftlichen Anschauen von Sportwettkämpfen, also im Stadion oder beim sogenannten Public Viewing. Da wird auf die vermeintlich schlecht Spielenden, auf die unfaire gegnerische Mannschaft, auf den parteiischen Schiedsrichter usw. geschimpft. Hören können die Beschimpften das nicht. Nur die Mitfiebernden um einen herum bekommen es mit und so stellt sich ein gewisses Zusammengehörigkeitsgefühl ein.

Abgesehen vom Auto – so wird angenommen – ist heutzutage der Computer der Ort, an dem am häufigsten geschimpft und geflucht wird. Neben der oft nicht beherrschten Technik oder deren tatsächlicher Unzuverlässigkeit, die Unmut und Ärger erzeugen, ist es wieder die kommunikative Situation, die das Schimpfen leicht macht: Entweder man ist allein und beschimpft ein Gerät, das damit vergleichsweise gut zurechtkommt, oder man flucht lauthals oder innerlich über eine E-Mail-Schreiberin, einen Chat-Partner, den Verfasser eines Forumbeitrages oder die Autorin einer Website, sprich, über eine Person, die sich irgendwo anders aufhält, im Idealfall dort, wo der Pfeffer wächst. Kein anderer Mensch wird wirklich beleidigt.

Im Straßenverkehr allerdings bleibt das Schimpfen nicht immer auf den abgeschlossenen Raum beschränkt. Bei gesteigerter Aufregung kann man durch Hupen die Aufmerksamkeit auf sich ziehen und dann durch Gesten seinen Unmut kommunizieren. Wenn auf diese Art eine Verständigungsebene geschaffen wurde, kann es bisweilen passieren, dass Verkehrsteilnehmer aggressiv verbal aufeinander losgehen: Autofahrerinnen hetzen gegen Fußgänger, Radfahrer gegen Busfahrerinnen, Kleinwagenlenker gegen Porschefahrerinnen, versierte Kraftfahrerinnen gegen Fahranfänger, Parkplatzsuchende gegen Politessen usw.

Schleicher Schleichen heißt, sich quasi lautlos und vor allem langsam – in den Augen des oder der Schimpfenden *zu* langsam – fortzubewegen. Der Beleidigungsgrad ist noch nicht so hoch. Die Haltung des Beleidigers ist nicht unbedingt aggressiv, eher herablassend wie bei »du lahme Ente«. Am Satz »Du schleichst!« ist sprachlich bemerkenswert, dass es sich bei der Verbform um ein einsilbiges Wort mit rekordverdächtig vielen Buchstaben handelt: zehn an der Zahl.

Lahmarsch Natürlich strapaziert so ein Schleicher die Geduld des geübten, flotten Autofahrers. Der Schleicher muss einem nur lange genug vor der Stoßstange kleben, damit aus ihm ein Lahmarsch wird. Dieser Ausdruck zeugt schon von einer gewissen Aggressivität. »Arsch« ist eindeutig derber als die Ente bei »lahme Ente«; beide können sich trotz deutlicher Tendenzen auf Männer oder Frauen beziehen. Auch ist der Lahmarsch nicht auf den Straßenverkehr festgelegt. Jegliches trödelige, langsame, umständliche Verhalten kann dieses Wort auslösen: beim Bezahlen an der Supermarktkasse, im Einwohnermeldeamt, im Restaurant …

Raser Dafür, dass er konsequent zu schnell fährt und unentwegt rücksichtlos drängelt, ist »Raser« eigentlich ein viel zu harmloses Wort für diesen Verkehrsteilnehmer. Er muss schnellstmöglich von A nach B. Ob die Lahmärsche um ihn herum dabei draufgehen, ist dem Raser wurscht. Komisch ist: Obwohl man heute in den Medien viel über illegale Autorennen hört und die Verursacher schlimmer Unfälle Gesprächsthema sind, hat man (außer dem Heizer und der gesengten Sau, siehe Seite 103) kaum Begriffe zur Hand. Natürlich handelt es sich um Idioten, Spinner, Arschlöcher. Der konkrete Bezug zum Fahrstil oder zur Geschwindigkeit fehlt dabei aber. Dagegen werden die Langsamen vielfältig benannt und benamt: Schleicher, Bummler, Schlafmützen, Schnarchnasen, Trödler, Trödelliesen. Auch die beiden folgenden gehören zu dieser Gruppe.

RETFERRARI

SORRY TINA, BEI MIR WIRD'S SPÄTER – VOR MIR FÄHRT SO 'NE TRANTÜTE!

Trantüte Trantüten gibt es nicht nur im Verkehr, aber da fallen sie auch und besonders auf. »Tran« soll verwandt sein mit »tropfen«, was sicher ein langsamerer Prozess ist als fließen und erst recht als strömen. Und auch die Trance spielt bei der Wortgebung mit, ein Zustand, in dem alles nur in Zeitlupentempo vor sich geht. Meditatives Dahinplätschern ist im Straßenverkehr natürlich nicht das Richtige. Diese Leute fahren nicht nur langsam, sie sind auch noch unaufmerksam und bekommen nicht mit, dass die Rotphase vorbei ist oder sie sich auf der falschen Abbiegespur befinden.

Sonntagsfahrer So langsam und umständlich, wie der fährt, muss es sich um einen Sonntagsfahrer handeln, einen, der sein Fahrzeug – es kann ein Auto oder auch ein Fahrrad sein – nur am Wochenende bewegt. Mit seiner fehlenden Fahrpraxis wird er zum Störfaktor. Neben einem langsamen Tempo sind seine Hauptmerkmale die Unsicherheit beim Einordnen und Überholen sowie das Orientieren an Kreuzungen und bei Mehrfachspuren. Der Sonntagsfahrer ist ein Hemmschuh für alle anderen Verkehrsteilnehmer. Als »Sonntagsfahrer« bezeichnen sich aber auch mit einem Schuss Selbstironie Leute, die gern ganz entspannt durch die Botanik kurven. So gibt es eine Radiosendung, einen Film(untertitel) und mehrere Motorrad- und Autoclubs dieses Namens.

Ge- oder besengte Sau Jeder versteht, was gemeint ist, wenn von einer gesengten oder besengten (der Duden kennt nur erstere) Sau die Rede ist: Hier fährt jemand wahnsinnig schnell und ohne nach rechts oder links zu gucken. Kaum jemand weiß allerdings, was konkret mit dieser Sau geschehen ist und warum sie es so eilig hat. Die einleuchtendste Erklärung ist die, dass bei früheren Jagdmethoden der Schuss beim Eintritt in den Körper eine kleine Verbrennungsspur verursachte. Die Sau wurde also versengt. Bei schlecht platzierten Schüssen konnte das Schwein noch fliehen – mit maximaler Geschwindigkeit und unter minimaler Rücksichtnahme auf alles, was im Wege stand. Auf eine ähnliche Situation läuft die Erklärung hinaus, dass früher wie heute Pferde und Schweine mit Brandzeichen versehen wurden. Dass eine gebrandmarkte Sau im Turbotempo versucht, dem heißen Eisen zu entkommen, ist nachvollziehbar.

Heizer Ein Raser ist ein Heizer, eine gesengte Sau eine Heizerin. Jemand, der sehr schnell oder zu schnell fährt, heizt durch die Landschaft oder den Stadtverkehr. Wahrscheinlich weil er oder sie ziemlich erbarmungslos aufs Gaspedal tritt und der Motor heiß läuft.

Anfänger Der Amateur oder Dilettant im Büro ist der Anfänger im Straßenverkehr. Handelt es sich gar um dieselbe Person, wird sie am nächsten Arbeitstag einiges zu hören kriegen. Der Anfänger ist wie die lahme Ente oder der Sonntagsfahrer ein Störfaktor im Verkehr, da er durch sein ungeschicktes Fahrverhalten die routinierten Verkehrsteilnehmer zum Rücksichtnehmen nötigt. Aber jede(r) hat ja mal angefangen … Ehrliche Anfänger kennzeichnen ihr Auto, sicher auch aus Selbstschutz, mit einem großen A. Aber ob mit oder ohne A – wird der Anfänger zum Aufreger und Verkehrshindernis, vervollständigen die ungeduldigen Schimpfer das A nicht mit »-nfänger«, sondern mit »-rschloch«.

Vollpfosten Vollpfosten gibt es überall, nicht nur im Verkehr. Da sind sie nur besonders im Weg. Manche Tage sind geradezu ein Slalom um lauter Vollpfosten. Seit 2013 steht das Wort daher auch im Duden. Ein Vollpfosten ist ein generell sehr dummer Mensch oder einer, der sich in einer bestimmten Situation dumm verhält. »Voll« wird prinzipiell gern als verstärkendes Element vor ein Wort gesetzt: Vollidiot, Vollhorst, Vollmeise, voll der Depp. Ein Pfosten ist ein senkrecht stehendes, rundliches Stück Holz. Warum dieser harmlose Gegenstand zum Schimpfwort wurde, ist unklar. Auf jeden Fall kann es teuer werden, das Wort zu benutzen.

So bezeichnete der Fußballer Arjen Robben einmal einen Schiedsrichter als »Vollpfosten«, was ihn 15 000 Euro kostete. Pfosten kommen auf Straßen und Plätzen oft als Fahrhindernisse vor. Daher steht der Vollpfosten in diesem Kapitel. Abgesehen davon werden Verkehrsteilnehmer, deren Verhalten man für besonders deppert hält, gern und oft so bezeichnet.

Chaot Auch der Chaot treibt nicht nur im Verkehr sein Unwesen. In der Beziehung, in der Schule oder im Berufsleben sorgen unsensible, planlose, verwirrte und verwirrende Menschen für Durcheinander. Im Verkehr kommen Chaoten auch oft vor und beschwören ein Verkehrschaos herauf. Einer muss ja schuld sein.

Geisterfahrer · Amokfahrer Echte Fahrspurenverwechsler oder gar absichtlich »gegen den Strom« Fahrende stellen ein großes Sicherheitsrisiko dar. Auch Kamikaze-Fahrer können die schlimmsten Katastrophen verursachen. Zur Beschimpfung rücksichtsloser Verkehrsteilnehmer sind die genannten Wörter manchmal angebracht und dann halbwegs lustig. So etwa in dem folgenden Witz: Radiosprecher im Verkehrsfunk: »Auf der Autobahn A so-und-soviel zwischen X und Y kommt Ihnen ein Geisterfahrer entgegen.« Sie (ebenda und in Gedanken): »... Wieso einer? Zig!«

Kampfradler Heutzutage gelten Autofahrer oft als die Bösen unter den Verkehrsteilnehmern. Nicht ganz zu Unrecht, sie sind schließlich Lärm- und Dreckverursacher. Nutzer der öffentlichen Verkehrsmittel sind schon viel besser, die ganz Guten aber sind die ökologisch vorbildlichen Radfahrer. Nur ist leider nicht der, der gut zur Umwelt ist, auch immer gut zu seinen Mitmenschen. Der Kampfradler prescht unter Nichtbeachtung aller Verkehrs- und Anstandsregeln mit hochgerolltem Hosenbein ohne Rücksicht auf Verluste durch die Straßen und über Gehwege. Und bringt damit Fußgänger wie Autofahrer gegen sich auf.

Frau am Steuer! »Oh Mann – eine Frau am Steuer!«. Solche Chauvi-Sprüche über weibliches Fahrverhalten werden seltener, sind aber immer noch verbreitet. Neueste Studien belegen allerdings (unter Vorbehalt!): die besseren Autofahrer sind Autofahrerinnen.

Mantafahrer · Trabifahrer Beide Wagentypen – der Opel Manta und der Trabant – werden heute nicht mehr gebaut. Im Verkehr sieht man sie aber zuweilen noch. Die etwas Älteren unter uns erinnern sich noch gut an die Fahrer dieser Gefährte. Mantafahrer galten bzw. gelten als Prolls, deren Lebensinhalt Autos und Blondinen sind. Ihr Hobby ist das Tunen und Aufmotzen ihres Opels. Man erkennt sie an Lederstiefeln, Jeansweste, einem Vokuhila-Schnitt und dem Fuchsschwanz an der Antenne. Der Trabi war der kleine stinkende Zweitakter, auf den jeder DDR-Bürger stolz war, wenn er einen nach jahrelanger Wartezeit ergattert hatte. Nicht lange nach der Wende wurde er zum Kultauto. Mehr Understatement geht nicht. Extremere Gegensätze als Manta- und Trabifahrer sind also kaum zu finden.

Wegelagerer Verstöße gegen die Straßenverkehrsordnung kommen einen oft teuer zu stehen. Entsprechend beliebt sind Polizisten, Politessen und Leute vom Ordnungsamt, die solche Verstöße ahnden und Geld abkassieren (wollen oder müssen). Der Vergleich mit den Straßenräubern und Wegelagerern früherer Zeiten liegt nahe: Das waren Leute, die anderen Menschen am Weg auflauerten, um sie zu überfallen und zu berauben. Dass der Vergleich den Staatsbediensteten nicht gefällt, ist klar. Dennoch soll in Bayern die Bezeichnung »Wegelagerer« einem Urteil gemäß unter die Meinungsfreiheit fallen und somit straffrei bleiben. Verlassen sollte man sich darauf aber nicht. Einer anderen Quelle zufolge kostet der einfache »Wegelagerer« 450 Euro, die verschärfte Wortgruppe »verfluchtes Wegelagerergesindel« gleich doppelt so viel: 900 Euro.

In der Sprachwissenschaft kennt man das Konzept der Metonymie. Dabei wird die Bedeutung eines Ausdrucks in einer bestimmten Weise übertragen. Das geht oft sehr systematisch vonstatten. Gefäß für Inhalt: »Er hat ein Glas getrunken.« Künstler für Kunstwerk: »Sie haben Mozart gespielt.« Befehls- oder Machthaber für Ausführende: »Hannibal erobert Rom.« Manchmal werden auch die Bezeichnungen typischer Gegenstände auf ihre Besitzer oder Benutzer übertragen: »Die Geige hatte einen Knutschfleck.« »Der Pelzmantel ist betrunken.« »Waren Sie das Schnitzel?« Problemlos schließt man hier situativ, dass von der Geigerin, der Pelzmantelträgerin bzw. der Schnitzelbestellerin die Rede ist und nicht vom Instrument, vom Kleidungs- oder Fleischstück. Ähnliches ist im Verkehr zu beobachten, zum Beispiel an der Tankstelle: »Die Schrottkarre hat gerade vor mir bezahlt.« Aus diesem Grund finden sich im folgenden Abschnitt eindeutig negativ oder zumindest ironisch konnotierte Bezeichnungen für Fahrzeuge, die sich je nach Situation auch auf den Verkehrsteilnehmer beziehen können, dem sie gehören oder die sie fahren. Ein zweiter Grund für ihr Auftauchen in einem Buch der Schimpfwörter und Beleidigungen ist der, dass – wie eingangs gesagt – Auto-, Fahrrad- oder Mofa-Fahrer sowie Fußgänger oder Zugfahrer oft allein unterwegs sind und sich ihre verbalen Aggressionen gern gegen das Auto, das Rad, die Bahn oder welches Fortbewegungsmittel auch immer richtet.

Drahtesel · Tretferrari Windschief, rostig und verbeult: Gegen die aufgemotzten Hochleistungsrennräder, mit denen jeder zweite leitende Angestellte heute die 500 Meter von der Wohnung ins Büro zurücklegt, und die supercoolen Mountainbikes, die mit dem Auto bis knapp unter den Gipfel gekarrt werden, wirkt der Drahtesel ziemlich armselig. Aber er hat etwas, was die anderen nicht haben: Charakter. Diese Bezeichnung für ein altes Fahrrad ist daher nur leicht abwertend und eher liebevoll gemeint. Auch die andere – seltenere – tierische Bezeichnung fürs Fahrrad, »Hirsch«, beinhaltet trotz seiner Assoziation mit prächtigem Wild ein Augenzwinkern. So ist es auch beim Tretferarri. Denn

Der Warmduscher im Verkehr

Im ersten Kapitel, in dem sich Männer und Frauen gegenseitig beschimpfen, haben wir ein Muster für die Bildung von Schimpfwörtern für schwächliche Männer ausgemacht. Meist handelt es sich um ein zusammengesetztes Wort (Kompositum), bei dem der zweite Wortteil von einem Verb abgeleitet wird. Der bekannteste Vertreter dieser Kategorie ist vielleicht der Warmduscher. Für zaghafte Verkehrsteilnehmer bietet sich diese erprobte und etablierte Struktur ebenfalls an. Die grobe Auswertung mehrerer Sammlungen solcher Ausdrücke ergibt, dass sogar mehr als die Hälfte verkehrsbezogen sind. Da gibt es:

ABS-Bremser, Airbagnachrüster, Ampeldrücker, Ampel-Ranroller, Auf-Vorfahrt-Verzichter, Auspufflutscher, Autobahnsicherheitsabstandeinhalter, Automatikfahrer, Autolackpolierer, Benzinpreisvergleicher, Bergaufbremser, Buswinker, Clausthalertrinker, Damenradfahrer, Fahrradbergauf-Schieber, Fernlichtfahrer, Für-Tiere-Bremser, Gelbphasenbremser, Geld-in-die-Parkuhr-Stecker, Glatteisstreuer, Gurtanschnaller, Handschuh-Autofahrer, Heckscheibenheizer, Helmträger, Immer-voll-Tanker, Kurzstreckenstraßenbahnfahrer, Laternenparker, Lenkrad-Zudecker, Linksüberholer, Mittelspurfahrer, Motorradsitzheizungsbenutzer, Null-Promille-Fahrer, Ölwechsler, Parkscheinlöser, Rückbankanschnaller, Radarfallenwarner, Radkappenpolierer, Rastplatzbenutzer, Rechtsfahrer, Regenflüchter, Samstags-Autoputzer, Schattenparker, Schwarzfahrt-Beichter, Servolenker, Sonnenblendennutzer, Stauumfahrer, Standheizungsbenutzer, Tempolimitbeachter, TÜV-Geher, Vignettenkäufer, Vorfahrt-Beachter, Vorwärtseinparker, Windschattenfahrer, Winterreifenaufzieher, Wunschkennzeichenfahrer, Zebrastreifenbenutzer, Zebrastreifenbremser, Zentralverriegler, Zündschlüsselabzieher etc.

natürlich ist kein Rad der Welt mit dem König der Autos vergleichbar – es sei denn in ironischem Sinne.

Rentnerporsche Rentner sind in Zeiten von E-Bikes und fast autonom agierenden Autos oft noch ziemlich flott unterwegs. Irgendwann aber muss der eine oder andere auf den Rentnerporsche umsteigen. Das ist bitter ... und die Bezeichnung hart an der Grenze zum Zynischen. Ob Menschen, die tatsächlich im Rollstuhl sitzen, darüber lachen können?

Hackenporsche Noch ein Porsche. Und wieder keiner zum Angeben. Zwar ist der Begriff nicht ganz so böse wie der vorige, aber auch nicht besonders nett. Gemeint ist der Einkaufstrolley oder Schiebekoffer. Nicht unbedingt glamourös, dafür aber praktisch.

Schwanzverlängerung Manche Leute glauben zu wissen, dass zur Schau gestellte automobile Potenz in Form von teuren Hochglanz-Schlitten eine eher mickrige Männlichkeit überspielen soll. Ferraris, Maseratis, Porsches und sonstige tiefergelegte und basstief brummende Autos gelten auch als Schlampen(ab)schlepper – da kommt keiner der Beteiligten gut weg. Finanziell nicht so gut Gestellte oder tatsächlich Bescheidene geben nichts drauf. Ein Motto der Kompaktklassefahrer ist der abgewandelte Schlagertitel: Wolfsburger Nächte sind lang ...

Schrottkiste »Schrottkiste« oder »Schrottkarre« kann wie oben angedeutet eine Schelte des Fahrers oder der Fahrerin eines schrottreifen Autos sein. Genauso gut kann es aber auch der Unmutsausdruck über das Gefährt selbst sein, dann nämlich, wenn das rostige, klapprige Auto den Dienst versagt oder seinen primären Aufgaben nur noch unzuverlässig nachkommt. Ganz ähnlich in Bedeutung und Verwendung ist die »Rostlaube«.

DrecKsKarre Auch die »Dreckskarre« passt in diese Riege. Das Auto (und mit ihm gelegentlich der Fahrer) wird herabgewürdigt, und zwar gleich zweifach: durch den Ausdruck »Karre«, der eigentlich ein hölzernes Vehikel zum Ziehen oder Schieben bezeichnet und kein modernes motorisiertes Fahrzeug, und durch den Zusatz »Drecks-«. Dabei muss der Wagen nicht unbedingt schmutzig sein; »Dreck« ist hier generell ablehnend und verächtlich gemeint wie in »Dreckskerl«.

Plastebomber Eine »Rostlaube« konnte er nie werden, der Trabi oder Trabant. Denn nur Metall rostet. Der »Volkswagen« der DDR bestand aber – so die landläufige Meinung – aus Pappe und Plastik, worauf seine leicht beleidigenden, aber meist liebevoll gemeinten Kosenamen abzielen: »Rennpappe« oder »Plaste-« bzw. »Leukoplast-Bomber«. (Ganz korrekt ist das allerdings nicht, denn die äußere Beplankung des Trabis bestand zwar aus baumwollverstärktem Phenoplast, darunter aber verbarg sich eine selbsttragende Karosserie aus Stahlblech.)

DrecKschleuder Noch ein Drecksgefährt. Diesmal aber ist tatsächlich Dreck im Sinne von Verschmutzung gemeint, nämlich die der Luft. Als »Dreckschleudern« werden meist alte oder überproportional große Autos bezeichnet, die die Umwelt mehr belasten als andere. Der Ausdruck lässt sich aber auch auf Menschen übertragen: Sie werden zu Dreckschleudern, indem sie die Luft, die sie und ihre Mitmenschen atmen, verpesten: durch üble Nachrede, Verleumdung, Denunziation usw.

Grüne Minna »Grüne Minna« ist eher ein Kose- als ein Schimpfwort, aber doch mit leicht abschätzigem Beiklang. »Jemanden zur Minna machen« heißt, jemanden grob zu beschimpfen und klein zu machen. Das kommt wohl daher, dass »Minna«, die Kurzform von »Wilhelmine«, auch als Synonym für »Dienerin« oder »Hausangestellte« verwendet wurde. Ebenfalls beschimpft und kleingemacht wurden die Gefangenen, die im 19. Jahrhundert in grünen Pferdewagen transportiert wurden. Ihr volkstümlicher Name »Grüne Minna«, war leicht in die Moderne zu transportieren, da ab 1972 alle Polizeibeamten in der Bundesrepublik in moosgrün und beige eingekleidet und ihre Fahrzeuge passend grün-weiß (später grün-silbern) lackiert wurden. Insbesondere die größeren Polizeigefährte wurden deshalb noch lange im Volksmund »Grüne Minna« genannt, bis der Farbkombi ab 2005 ein Ende gemacht wurde.

Hutschachtel »Hutschachtel« ist ein Schimpfwort für kleine und meist billige Autos, die man nicht wirklich für voll nehmen kann oder will. Die typische Hutschachtel unserer Zeit ist wahrscheinlich der Smart. Man braucht schon einen Schuhlöffel, um hineinzukommen.

Schindmähre Früher war das Pferd das bevorzugte Fortbewegungsmittel abgesehen von Schusters Rappen. Inzwischen sind wir etwas flotter unterwegs und es liegt weniger Pferdemist auf den Straßen. Trotzdem gibt es eindeutige Parallelen. So wie heute wurde auch damals auf konkurrierende Verkehrsteilnehmer geschimpft und besonders auf störrische und lahme Pferde. Das Pferd ist neben dem Hund das Tier, das dem Menschen am nächsten steht. Sprachlich wird das etwa dadurch deutlich, dass wir Pferden fast immer Namen geben. Und auch dadurch, dass es abwertende Ausdrücke für sie gibt. Hunde werden »Töle« oder »Köter« geschimpft, Pferde »Gaul« oder eben »Schindmähre«.

Scheibenwischer Jemanden als »Scheibenwischer« zu beschimpfen, ergibt wenig Sinn. Hier ist auch nicht das Wort, sondern die Geste gemeint, die Schimpf- bzw. Beleidigungscharakter hat: das Schütteln der mit den Innenflächen zum Gesicht gewandten Hand. Laut ADAC und anderen Quellen ist es die zweitteuerste Geste im Straßenverkehr. Die Strafe beträgt bis zu 1000 Euro, übertroffen nur vom Stinkefinger, der mit bis zu 4000 Euro noch höher zu Buche schlägt.

»DÖSPADDEL«, SAGEN DIE FISCHKÖPFE

Einheimische Freundlichkeiten

Einleitung

An dieser Stelle wird es aus mehreren Gründen heikel. Zum einen gibt es eine regelrechte Flut an bunten Zeitschriftenartikeln, eine Vielzahl an Büchern und eine Unmenge an Internetseiten, die sich der Thematik der mundartlichen Beschimpfung widmen. Zum Teil können diese den interessierten Schimpflaien in die Irre führen. Liest man wahllos in Büchern oder auf Websites nach, erfährt man beispielsweise, dass »Fuss« ein Kölner, Kölscher oder rheinischer, leicht abwertender Ausdruck für einen rothaarigen Menschen sei, »Fleeschl« und »Foddse« seien laut einer anderen Quelle typisch sächsische Ausdrücke für einen ungezogenen Mann bzw. das weibliche Geschlechtsteil oder aber eine schlimme Frau. »Fuulpelz« wird anderenorts erklärt als norddeutscher Ausdruck für eine nicht sonderlich fleißige Person, und das Bayerische (oder Bairische) habe – wiederum laut einer anderen Quelle – als typische Bezeichnung für ein promiskes Mädchen das Wort »Flitschal« hervorgebracht. Bei all diesen Beispielen handelt es sich um fast überall im deutschen Sprachraum gebräuchliche und auch verständliche Schimpfwörter, so man sie hochsprachlich artikuliert oder einigermaßen orthografisch orientiert schreibt. Was hier passiert, ist lediglich das (versuchsweise) »Transkribieren« eines Wortes in der jeweiligen Mundart. Die jeweilige regionale Aussprache vernachlässigend, kommt man leicht auf Fuchs, Flegel und Fotze, Faulpelz und Flittchen, also relativ gängige und allgemein bekannte Wörter.

Zum anderen steht jeder, der sich zum Thema Dialekt äußern will, vor einem echten Problem: Wie soll man dieses oder jenes Wort schreiben, welche Prinzipien soll man zugrunde legen und wie gewichten. Dieser

Prozess ist nicht trivial – weder sprachwissenschaftlich noch gesamtgesellschaftlich. Es war ein quasi jahrhundertelanger Kampf und Krampf, bis man sich für die deutsche Hochsprache auf eine allgemeingültige Rechtschreibung einigen konnte. Die letzte nicht sonderlich glückliche Rechtschreibreform zeugt davon, wie schwierig so ein Unterfangen ist. Dennoch sind die meisten »normalen« Wörter in ihrer Schreibung festgelegt und akzeptiert – man findet sie im Duden, Band 1. Echte Dialektausdrücke kommen im hochsprachlichen Wörterbuch nicht vor. Auch sehr derbe, verletzende, tabubeladene Wörter tauchen kaum auf. Heute hat man weniger Skrupel als früher, aber bestimmte Wörter – und es sind dann eben meist Schimpfwörter – sind immer noch nicht vollständig aufgelistet. Insofern gibt es eine doppelte Unsicherheit beim Verschriftlichen dialektaler Schimpfwörter, was dazu führt, dass sich die Menschen darüber streiten, ob es »Döspaddel« oder »Dösbaddel« heißen muss, »Flitscherl« oder »Flitschal«, »Seggl« oder »Säckel«, »Sürmu« oder »Sürmel« usw. Die Unsicherheit besteht in ähnlicher Weise bei der Aussprache und sogar bei der Bedeutung. Für die einen (meist Schweizer und Süddeutsche) ist eine Trulla dick und behäbig, für die anderen (meist Rheinländer und andere Westdeutsche) handelt es sich um eine hektisch-hysterische Unruhestifterin. Für manche Sachsen ist ein Stießel oder Schdiesl ein ungehobelter Mensch, einer ohne Anstand und Manieren, für andere ist es ein mürrischer, lustloser Griesgram. Ein anderes Problem besteht darin, dass viele Dialektausdrücke nur sehr regional bekannt sind und verwendet werden. Es kann also sein, dass man in einem sächsischen Schimpfwörterbuch gelesen hat, dass »Badde« eine zurückgebliebene, dumme Person bezeichnet und »Haggsch« einen Potenzprotz, dann nach Sachsen fährt und von dem oder der Beschimpften gar nicht verstanden wird. Das frustriert.

Diese ganze Vorrede versteht sich vor allem als Entschuldigung für die Wörterauswahl in diesem Kapitel. Denn der eine geneigte Leser oder eben auch die andere ungeneigte Leserin wird feststellen, dass die aufgeführten Beispiele und ihre Erklärungen nicht jeden gleichermaßen befriedigen. Ein Norddeutscher mag den »Drönbüddel« nicht kennen oder ihn anders verstehen als angegeben, eine Österreicherin lieber »Vernaderer« sagen als »Naderer«. Eine Thüringerin könnte meinen, der »Motzer« oder der »Fatzke« seien auch ihr bekannt und somit nicht rein Berlinerisch. Und ein Bayer mag behaupten, »Bazi« und »Hund« seien ja eher das Gegenteil von Schimpfwörtern, also Ausdrücke des Respekts und der Anerkennung. Dieses Risiko ist fast nicht zu vermeiden.

Nachdem aber so viel über laienhafte Abhandlungen über Dialekt-Schimpfwörter geklagt wurde, muss auch bekannt werden, dass Schimpfwörter generell im deutschen Sprachraum nie sonderlich im Fokus der Linguistik standen. Zwei Standardwerke allerdings, vielleicht *die* zwei deutschsprachigen, sollen hier erwähnt werden: Reinhold Amans »Bayrisch-Österreichisches Schimpfwörterbuch« von 1972 und Oksana Havrylivs Band »Pejorative Lexik« von 2003, wobei letzteres auch dezidiert auf das Österreichische bzw. Wienerische eingeht.

Das Folgende erhebt in keiner Weise wissenschaftlichen Anspruch. Statt nach sprachwissenschaftlich anerkannten Mundarten oder Regiolekten vorzugehen und ausgewählte Beispiele für dieselben anzuführen, wurde eine grobe Einteilung in Norden, Westen, Osten, eine Art Mitte und einen etwas ausdifferenzierteren Süden vorgenommen. Auch ist die Auswahl der Schimpfwörter frei von Systematik. Ganz am Schluss gibt's noch eine Reihe von Beleidigungen für die »Anderen«, die »fremden Stämme«, die Sprechenden anderer Deutschvarianten. »Ossi« ist (nicht immer) ein Schimpfwort, das Menschen aus dem Westen für die Bewohner der sogenannten neuen Bundesländer gebrauchen; »Fischköppe« werden die ganz oben an der See Ansässigen von den südlichen Beheimateten geschimpft, und Deutsche sind für Österreicher »Piefkes«.

NORDDEUTSCHLAND:

Bangbüx · Büxenschieter Gemeint ist natürlich ein Angsthase. Das Wort »bang« kennt man aus der Wendung »Mir ist angst und bange«. Die »Buchse«, »Buxe« oder eben »Büxe« ist die Hose. Beim »Schieter« ist – typisch für das Nord- oder Niederdeutsche – das i noch kein ei und das t noch kein s geworden, aber auch die Süddeutschen erkennen hier den Scheißer wieder, also den Hosenscheißer. Die »Bangbüx« ist demnach auch die Angsthose und nicht der Angsthase. Von der Bedeutung her läuft es aber auf dasselbe hinaus.

Blaarbeck Wenn eine Heulsuse nicht nur ein paar Tränen vergießt, sondern ganze Bäche plärrt, handelt es sich, zumindest in Norddeutschland, um einen Blaarbeck. Leider ist dieses schöne Wort nicht mehr sehr verbreitet. In »blaar« erkennt man mit ein bisschen Mühe das Verb »plärren«, »beck« dagegen ist weniger eindeutig. Es könnte auf das norddeutsche Wort »Bek« für Bach zurückgehen. Es könnte aber auch aus dem Französischen stammen: Dort heißt *bec* »Schnabel«, und von dem ist es nicht weit zum Plärrmaul. Aber auch ein polnischer Ursprung ist denkbar: *bek* heißt hier »Geheule«.

Dämlack · Dödel · Döspaddel · Dussel
Niemand würde ernsthaft behaupten wollen, dass in Norddeutschland mehr Dummköpfe wohnen als im Rest der deutschsprachigen Lande. Aber welchen Grund könnte es wohl haben, dass es hier diese Fülle an D-Wörtern gibt, die alle dasselbe meinen: einen Menschen, der nicht besonders clever ist oder der sich zumindest nicht besonders clever anstellt. Im Gegensatz zum selbst in Norddeutschland nicht überall bekannten »Blaarbeck« sind diese Wörter auch außerhalb des niederdeutschen Sprachgebietes recht populär. Das geht so weit, dass sogar manche Ruhrgebietslexika die Herkunft der Wörter für sich beanspruchen.

Flitzpiepe Die Pfeife hatten wir ja bereits (siehe Seite 62). Die »Piepe« nun ist die im Nieder-, Platt- oder Norddeutschen nicht umgelautete Form derselben. Und eine Flitzpiepe ist zwar ein Dummkopf, jedoch ist der Ausdruck netter als die vorgenannten D-Wörter. Eine gewisse Nachsicht des Alters oder der Weisheit ist ihr anzuhören. Manche Lexika geben im Übrigen das Berliner Umland oder Sachsen-Anhalt als Ursprungsland des Wortes an. Sei es, wie es sei.

Drönbüddel · Dröhnbüdel Bei diesem Wort ist es wie mit dem anfangs beschriebenen sächsischen Stießel – selbst die Einheimischen sind sich über die Bedeutung nicht einig. Und erst recht nicht über die Schreibung: mit oder ohne h, doppeltes oder einfaches d oder gar t? Sicher ist, dass der zweite Wortteil eigentlich »Beutel« bedeutet. Man findet ihn auch in Schiet-, Flunker-, Knigger- und Quarkbüdel (= Lügner, Geizhals, Labertasche) wieder. Der erste Wortteil »drö(h)n« heißt so viel wie Rauschzustand (»volle Dröhnung«). Für die Kombination findet man Umschreibungen wie Langweiler, Spaßbremse, daneben Angeber, Prahler, Um-den-heißen-Brei-herum-Reder, Rumnörgler usw.

Puttfarcken Überall auf der Welt lieben es Kinder, in Pfützen zu springen. Das norddeutsche Wetter liefert dafür dankenswerterweise viele Gelegenheiten. »Putt« ist norddeutsch Pfütze, »Farcken« ist das Ferkel. Gemeint ist ein Kind, das sich so richtig eingesaut hat: ein Dreckspatz oder eben ein Pfützenferkel. Man findet das Wort, obwohl es sicher nicht häufig ist, in verschiedenen Schreibweisen: ein oder zwei t; mal mit, mal ohne c ... »Puttfarcken« ist für ungeübte Ohren nicht ohne Weiteres verständlich. Darum lacht man auch nicht gleich, wenn so honorige Leute wie der ehemalige Manager eines Flugzeugherstellers oder der ebenfalls ehemalige Präses der Synode der Evangelischen Kirche das Schimpfwort als Familiennamen tragen. Aus dem Dreckspatzalter sollten sie aber eigentlich raus sein.

Arftenteller Der Haarspalter und Korinthenkacker, sprich: der pingelige Prinzipienreiter, zählt leider auch an der Küste nicht etwa Gräten oder Sandkörner, sondern Arften (plattdeutsch »Erbsen«). Beim Teller handelt es sich nicht etwa um Essgeschirr, sondern um einen Menschen, der – man kennt es vom englischen *to tell* – erzählt oder eben nur zählt. Es handelt es sich also um die wortwörtliche Übersetzung des bekannten Erbsenzählers.

Rappelsnut · Sabbelkopp · Quasselstrippe · Quarkbüddel · Düüsbüdel Mit diesem Quintett möchte man keinen Abend verbringen müssen. Man käme einfach nicht zu Wort und hätte am Ende sicher Kopfschmerzen. Denn alle fünf sind Labertaschen, Leute die viel, meist schnell und ohne nachzudenken reden.

Briet Ein Briet ist ein freches, manchmal ein faules Kind. Viele meinen, das Wort wäre verwandt mit »Brite«. Dabei ist es wohl eher französischen als englischen Ursprungs und soll auf »brutal« zurückgehen. Ein entsprechendes, überall verständliches Wort ist »Balg«. Bei diesem Wort ist interessant, dass es in vielen Formen daherkommt: der Balg, das Balg, die Bälge, die Bälger ...

BERLIN UND UMGEBUNG:

Motzer · Motzki · Obermotz Das Wetter ist mies, die Straßen verstopft, das Bier schal – Gründe um zu meckern, gibt es für die Hauptstädter stets zur Genüge. »Motzen« ist das um Berlin herum gebräuchliche Verb. Ein Motzer ist also einer, dem die Currywurstsoße nicht scharf genug und die Schlange vorm angesagtesten Club der Stadt zu lang ist. Er kommt aus dem Schimpfen nicht heraus und nervt seine Mitmenschen. »Motzki« wurde gar zum Namensgeber einer Serie. Der maulende Titelheld stammte aus dem einstigen West-Berliner Arbeiterbezirk Wedding. Wer nun aber denkt, der Obermotz motze einfach noch mehr und lauter als die vorgenannten Herrschaften, irrt. »Obermotz« bezeichnet leicht abfällig einen Boss oder Anführer einer Gruppe.

Raffke Reicht man dem Raffke den kleinen Finger, nimmt er die ganze Hand. Er ist ein Geizkragen oder Gierlappen, einer, der alles an sich rafft. Manchmal tut er das nicht auf ganz legale Weise. Eine Bedeutungsvariante des Raffke ist daher »Betrüger«. Sprachlich interessant ist die Pluralbildung: Normalerweise werden männliche Substantive auf e mit (e)n in den Plural gesetzt: Riese – Riesen, Franzose – Franzosen, Bulle – Bullen etc. Die Mehrzahl vom Raffke ist aber »Raffkes«.

Fatzke Weder das Wort noch den Typen, den es bezeichnet, gibt es ausschließlich im Berlin-Brandenburgischen Raum. Der Geck, Lackaffe, Schnösel, Snob etc. hat sein natürliches Habitat überall dort, wo er gesehen wird, auf dem roten Teppich oder im Blitzlichtgewitter. Daher liebt der Fatzke, meist ergänzt zu »eitler Fatzke«, die Hauptstadt, wo er die Chance hat, vom Glanz der Promis aus Politik und Kultur etwas abzubekommen. Dort führt er sich dann auf wie ...

Graf Koks Dieser Herr ist ein eingebildeter arroganter, meist neureicher Typ, kein alter Adel, sondern ein durch Profanes (Kohle) zu Wohlstand Gekommener, der nun auf feinen Pinkel macht. Deshalb wird das uneigentliche Adelsgeschlecht oft spöttisch erweitert zu »Graf Koks von der Gasanstalt«. Das sogenannte Stadtgas, das man im 19. Jahrhunderte vor allem für die Beleuchtung der Berliner Straßen verwendete (später auch für die Beleuchtung von Wohnungen, fürs Heizen und Kochen), wurde durch Kohlevergasung gewonnen. Ein wichtiges Nebenprodukt war Koks. Der neureiche Graf Koks war also eine Art Nebenprodukt der Industrialisierung Berlins.

Fleez Bei diesem Ausdruck für einen rücksichtslosen Menschen mit schlechten Manieren handelt es sich wohl um eine abgewandelte Form von »Flegel«. In anderen Gebieten sagt, hört und schreibt man auch »Fläz« (oder gar »Flähtz«). Das entsprechende Verb »fläzen« ist ebenfalls verbreitet: So mancher Flegel fläzt sich in der Berliner U-Bahn auf zwei Sitze, ohne der Oma einen davon anzubieten.

Nappsülze Die »Nappsülze« ist ein männlicher oder auch weiblicher Trottel. Wohl, weil Gegenständen die Fähigkeit zu denken abgeht und sie daher nicht als intelligent gelten, müssen sie dazu herhalten, menschliche Blödheit zu benennen. Interessanterweise trifft dieses Los oft Dinge, die irgendetwas mit essen zu tun haben. Hier ist es die Sülze im Napf. Aber man sagt auch »dumm wie Brot» oder »dumm wie geschnitten Brot«, »Bohnenstroh«, »ein Sack Suppe«, »drei Reihen Feldsalat« usw. Und in Berlin ist ein Depp einfach nur »stulle«.

MITTEL- BZW. OSTDEUTSCHLAND (SACHSEN/THÜRINGEN):

Nulpe Eine »Nulpe« ist eine dümmliche Person, die nichts kann und nichts ist, eine Niete eben (siehe Seite 26). Oft ist der Ausdruck aber nicht böse oder beleidigend gemeint, sondern eher freundlich-bedauernd. Obwohl grammatisch weiblich werden oft auch Männer als »Nulpe« bezeichnet, wenn nicht sogar häufiger.

Kriebel · Krebel · Krepel Hessen würden wohl vermuten, hier sei von einem Gebäckstück die Rede. Doch für diese Ausdrücke stand nicht der Kreppel Pate, sondern der Krüppel. Ein Kriebel, Krebel oder Krepel ist allerdings kein Mensch mit körperlichem Handikap, sondern einfach ein Unsympath. Die Verbindung mit einem Krankheitsbild ist vollkommen verschwunden, vergleichbar vielleicht mit den jugendsprachlichen Begriffen »Mongo«, »Spacko« oder »Spast«.

Runks Vielleicht haust er seit Urzeiten in den Tiefen des Thüringer Waldes oder der Lausitz. Nur montags wagt er sich manchmal in die Dresdner Altstadt ... »Runks«, »Rongs« oder »Rungs« hört sich ein bisschen nach einem trollartigen Wesen an. Tatsächlich bezeichnet es einen groben, grobschlächtigen Menschen.

Mährmus · Mährsuse Noch eine Märchengestalt? Arielle, die Mährsuse? Die seriöse Herleitung geht so: »Me(h)ren« oder »mähren« – wieder einmal sind viele Schreibungen möglich und belegt – bedeutet in diesem Falle »trödeln, (zu) langsam sein«. Der »Mus« ist ein Mann, die »Suse« eine Frau. Beide kommen einfach nicht zu Potte, so wie ein Lahmarsch oder eine Trödelliese.

Wanst »Wanst« ist ein eher mild negativ gemeinter Begriff für ein nerviges, ungezogenes Kind. In dieser Bedeutung ist das Schimpfwort aber eher regional begrenzt. Weiter verbreitet ist die Bedeutung »Wampe«, also dicker Bauch. Davon leitet sich die wenig schmeichelhafte Bezeichnung »Fettwanst« für dicke, meist männliche Personen ab. Der Plural wird auf die schöne alte, aber seltene Weise mit Umlautung und auf -er gebildet: »Wänster«.

Stießl · Urml · Stoffl Diese drei Wörter auf -l sind nicht (mehr) so häufig, weshalb ihre jeweilige Bedeutung nicht eindeutig zu bestimmen ist. Beim Stießl handelt es sich entweder um einen ungehobelten oder mürrischen Zeitgenossen, ein Urml ist in erster Linie ein Trottel, während man als Stoffl eine ungehobelte, etwas tölpelhafte männliche Person oder einen unhöflichen, mürrischen und wortkargen Menschen bezeichnet.

Haarige Esau »Haarige Esau« ist eine besonders raffinierte Beleidigung: Obwohl vor allem Männer so beschimpft werden (meist sind es ja auch Männer, die durch besonders starke Körperbehaarung auffallen), ist der Artikel weiblich. Esau wird nämlich als weibliches, von »Sau« abstammendes Substantiv verstanden, an das sich das Adjektiv angleichen muss: »Du haarige Esau!« Ursprünglich stammt der Begriff bzw. der Name aber natürlich aus dem Alten Testament und hat rein gar nichts mit Schweinen zu tun. Esau ist der Sohn von Isaak und Rebekka und Zwillingsbruder von Jakob. Laut Bibeltext soll Esau bei seiner Geburt sehr stark behaart gewesen sein, weshalb man ihn »Esau« nannte, was »behaart« heißt.

DER WESTEN (RHEINLAND, RUHRPOTT ETC.):

Rampespuddel Als »Rampespuddel« wird im Kölner Raum ein garstiges, unangenehmes Weib bezeichnet. Die Herkunft des Worts ist nicht eindeutig. Ziemlich einleuchtend ist die Verwandtschaft von »puddel« mit dem »Puttel« in Aschenputtel. »Rampes« könnte mit Gerümpel zusammenhängen. Eine Rumpelliese also.

Klävbotz Ein Klävbotz ist ein Gast, der einfach nicht gehen will, der nicht merkt, wenn es Zeit ist, »tschö« zu sagen. Ins Hochdeutsche übersetzt heißt »Klävbotz« »Klebehose«. Es ist also jemand, der mit seiner Buxe festzukleben scheint.

Lötschendötsch · Dötschemann Beide Begriffe bezeichnen einen Dummkopf oder Blödmann. »Dötsch« inklusive seiner Varianten ist also wieder so ein Begriff, der mit D beginnt und »dumm«, »doof«, »dämlich« bedeutet.

Driesdier und DriesKop Als »Scheißvieh« würde man wohl eher ein Tier beschimpfen. Einen Gaul, der nicht recht vorwärts gehen mag, einen Hund, der in die Wohnung macht, einen Ziegenbock, der dem FC Köln kein Glück mehr bringt. Die Rheinländer sind aber so frech, die Beleidigung auch auf ihre Mitmenschen anzuwenden. »Dries« mit den Varianten »Drieß«, »Driss«, »Drieß« oder »Dreß« heißt »Scheiße«. Das »Dier« ist das »Tier«. Daneben gibt es auch den Drieskop (»Scheißkopf«). Im Hochdeutschen sagen wir freilich höflicher »Kackbratze« (siehe Seite 93).

Mömmesfresser Geizkragen gibt es also auch unter den Rheinländern. Der Mömmesfresser ist so sparsam oder eben geizig, dass er seine eigene Nasenausscheidung isst, um nichts für seine Ernährung ausgeben zu müssen. Vielleicht freut sich ja der eine oder andere Schwabe – oder auch Bayer, Bremer, Sachse – über diesen kleinen Spartipp aus der rheinischen Beleidigungskultur.

Möpp · ne fiese Möpp Ein Möpp ist ein Hund, und zwar nicht nur ein Mops, wie man annehmen möchte. Wie beim Schimpfwort »Hund« (siehe Seite 90) reicht das Beleidigungsspektrum beim »Möpp« von sehr gemein abwertend über milde bis hin zu anerkennend und Respekt zollend. »Ne fiese Möpp« ist aber wohl ziemlich eindeutig ein widerlicher Mensch, fast immer ein Mann, auch wenn das Adjektiv in fremden Ohren ziemlich weiblich klingt.

DER SÜDWESTEN (»SCHWÄBISCH« UND WAS ALLE AUS DEM NORDEN UND OSTEN DAFÜR HALTEN):

Bachl »Bachl« heißt »Dummkopf« oder »Idiot« und kommt keineswegs vom gurgelnden Bach, sondern vom – ebenfalls gurgelnden – Bacchus, dem römischen Gott des Weines und des Rausches, der hier verniedlicht wird. Niedlich gemeint ist es aber eigentlich nie, wenn jemand sein Gegenüber als »Bachl« beschimpft. Vielmehr ist es ein ziemlich derber Ausdruck.

Sempel Diese Beleidigung ist quasi selbsterklärend: Der Sempel (»Simbl«, »Sembl«) ist einfach gestrickt, simpel eben. Früher war »Simpel« ein gängiges, fast im gesamten deutschen Sprachraum weit verbreitetes Schimpfwort für einen Trottel oder Dummkopf. Nur im Südwesten konnte es sich einigermaßen halten.

Moschtkopf Es gibt solche und solche: Der eine wird als Moschtkopf geboren, der andere wird »vom viele Saufe« zu einem solchen. Wenn er nämlich nur noch Moscht, also vergorenen Fruchtsaft, in der Birne hat.

Bruddler Es ist schwer zu sagen, wo in Deutschland am ausgiebigsten gemosert und gemeckert wird. Im Grunde wohl überall gleich viel. Nur dass die Mitteldeutschen nölen, die im Pott knöttern, die Bayern und Österreicher granteln und die Berliner motzen. In Schwaben aber wird gebruddelt. Und wer damit einfach nicht aufhören kann, ist ein typischer Bruddler.

Säckel (Seggl) »Säckel« soll das häufigste schwäbische Schimpfwort sein. Das liegt wohl unter anderem daran, dass es ziemlich unscharf ist. »Du Säckel!« kann vieles bedeuten und in vielen Nuancen gesagt werden: »Du Dussel, Depp, Dummkopf!« Aber es geht auch schlimmer. Manche finden, ein Säckel oder Seggl (sprachlich die Verkleinerungsform von »Sack«) sei ein richtig widerlicher Typ. Es kommt auf den Tonfall an.

BAZI FIST?

Pfennichfuchser Nicht nur in Schwaben oder anderen Teilen Südwestdeutschlands bezeichnet man so einen Geizkragen, also einen, den man im Rheinland und Ruhrpott »Mömmesfresser« und im Norden manchmal »Kniggerbüddel« nennt.

Hamballe Ein Hamballe stellt sich beim Sport ungeschickt an und macht auch sonst keine gute Figur. Ein ungeschickter Mensch, der irgendwie durch die Welt stolpert. Manche benutzen den Ausdruck daher auch für solche Leute, die alles mit sich machen lassen. Die Endung -le deutet auf einen Diminutiv, also eine Verkleinerungsform hin (-lein). Meistens hält man den Hamballe daher für eine Art Hampelmännchen.

Feddz · Fezza Der Feddz ist im ganzen Dorf bekannt, als kleiner Gauner, dem man noch so oft die Ohren langziehen kann – er heckt trotzdem ständig den nächsten Streich aus. Dieses Schimpfwort ist nicht (mehr) besonders geläufig, soll hier aber Erwähnung finden, weil es eine weitere Variante zu »Lump« (Lumpen) und »Lappen« (siehe Seite 54) ist, nämlich »Fetzen«. Wobei es da Abstufungen zu geben scheint: »Midd amma Lomba kosch no was anfanga, midd am Feddza nemme.« (»Mit einem Lumpen kann man noch etwas anfangen, mit einem Fetzen nicht.«)

DER SÜDOSTEN (DAS BAIRISCHE):

Bazi Der Bazi ist als das bayerische Schimpfwort schlechthin auch vielen Menschen außerhalb des Freistaats bekannt. »Bazi« ist allerdings keine echte Beleidigung, sondern ist meist lieb oder anerkennend gemeint und heißt so viel wie »durchtriebener Schlingel«.

Doldi Auch Doldi ist kein allzu verletzender Ausdruck. Vielleicht liegt es in beiden Fällen am (ver)niedlichen(den) i am Ende. Ein Doldi ist ein ungeschickter, unzuverlässiger, alberner Mensch, eine Art Hanswurst, dem man zwar einerseits nichts zutraut, der aber andererseits auch nichts Böses im Schilde führt. Doch nicht nur die bayerischen Männer sollen an dieser Stelle ihr Fett weg bekommen ...

Drutschn »Drutschn« (oder »Trutschen«) nennt man eine einfältige und ungeschickte oder auch eine sehr geschwätzige Frau. Hochsprachige Wörterbücher geben »Trutsche« (ohne das bairische -n, das man auch von der »Wiesn« kennt) als dumme unangenehme Frau an und behaupten, es käme von Trude bzw. Gertrud. Zweifel sind erlaubt. Das Trudchen ist auf bairisch nämlich die Traudl.

Bissgurn Wer hier an eine Pissgurke (entsprechend der Pissnelke) denkt, ist auf dem Holzweg. Eine Bissgurn ist eine bissige Gurre (= Stute). Während die Drutschn eine zwar nervige, aber im Grunde gutmütige Person ist, ist die Bissgurn ein zänkisches, boshaftes Weib, mit dem weder gut Kirschen noch Gurken essen ist.

Hirsch Von Hund über Gans bis zu Kuh und Esel bedient sich der Mensch zum Beleidigen gern im Tierreich. Dass es aber auch das vielleicht majestätischste Tier in unseren Breiten trifft, verwundert. Wird man in Bayern mit »du Hirsch!« angepöbelt, so ist das keineswegs respektvoll oder ehrerbietig gemeint. Der polternde Bayer hält einen vielmehr für einen Narren, Töpel oder Einfaltspinsel. Vielleicht, weil er gehörnt ist, der Hirsch.

Krattler Krattler (Grattler, Gratler, Gradler, Graddler, Gradla, Kratler, Krattler oder Kraddler) sind in den Augen ihrer Mitmenschen Taugenichtse, Proleten, Assis, Penner, berufliche oder generelle Versager. Früher war es die Bezeichnung fürs fahrende Volk, abgeleitet vom »Kratten«, einem zweirädrigen Wagen.

__ÖSTERREICH:__ Sprach(wissenschaft)lich sind Österreicher Bayern. Dialektologen bezeichnen demnach das Deutsche, das in fast ganz Österreich gesprochen wird, als Bairisch. Dennoch gibt es natürlich einige Begriffe, die landestypisch, also rein österreichisch, sind.

Teschek »Teschek« oder »Deschek« geht auf das ungarische *tessék* zurück und ist wohl ein Erbe der K.-u.-k.-Monarchie. Das Wort heißt in Ungarn »bitte« im Sinne von »bitte schön« und »Diener«. Heute bezeichnen Österreicher Menschen als »Teschek«, die sich ausbeuten lassen oder zu willfährig sind. Im Zuge der Bedeutungserweiterung kann es aber auch schon mal generell »Depp« oder »Trottel« heißen. Sehr häufig und sehr beleidigend ist es nicht (mehr), aber so richtig schön österreichisch.

Blunzn Die Blunzn ist eigentlich die Blutwurst, doch die charmanten Österreicher nennen so auch eine schlichte, dumme, oft auch dicke weibliche Person.

Funzn Wie die Blunzn ist auch die Funzn oder Funsn eine unangenehme oder dumme, eingebildete Frau. »Du blede Funzn!« hat etwa den Klang von »Du dumme Kuh!«. Das Wort kommt im Österreichischen auch in der Bedeutung »schwaches Licht« vor (entsprechend zur deutschen Funzel). Wahrscheinlich ist die so bezeichnete Dame kein besonders helles Licht auf der Torte.

Dolm Da ist es wieder, das D-Wort. Auch im Österreichischen hat man ein solches, um den (vermeintlichen) Dummkopf zu beleidigen. Der Dolm ist das männliche Pendant zur Blunzn oder Funzn. Es klingt allerdings eher wie »Doim« oder »Dojm«, weil in vielen süddeutschen Dialekten das l am Silbenende (oder wie hier in einem einsilbigen Wort) vor bestimmten Konsonanten nicht oder anders ausgesprochen wird.

129

Boshaft zu- und untereinander

Bei einer weitverbreiteten Sprache bilden sich fast notwendigerweise regionale Varianten, also Dialekte, heraus. Umso mehr, wenn in dem Sprachgebiet über lange Zeit viele unabhängige, teilweise auch verfeindete Fürsten- und Bistümer, Königreiche und freie Städte nebeneinander existierten. Gegenseitig beäugte und belauschte man sich kritisch und erfand abwertende oder spöttische Ausdrücke für die lieben Nachbarn. So werden Norddeutsche gern als »Fischköppe« betitelt – ein Ausdruck, der aber nicht einmal aus dem tiefsten Süden stammt. Eine wichtige Linie durch den deutschen Sprachraum bildet die Karlsruher oder Speyerer Linie, welche das richtige Süddeutsche (»Oberdeutsch« genannt), vom Rest trennt. Schwaben, Franken oder Bayern würden nie »Fischkopp« sagen. Für Bayern sind alle, die oberhalb des Weißwurscht-Äquators leben, »Saupreißn«. Die im nördlichen oder mittleren Flachland Heimischen nennen Bayern oder alle Alpenländler »Schluchtenscheißer«. Österreicher verwenden für die Deutschen den Begriff »Piefke«. Er kommt wohl aus dem Polnischen. *Piwo* heißt »Bier« und *piwka* so viel wie »Bierer« (im Sinne von »Brauer«). Die Schweizer sagen zu allen (!) Deutschen »Schwabe« oder »Schwob«. Für die Schweizer hingegen fehlt ein gängiges Schimpfwort und auch die Österreicher kommen glimpflich davon: »Ösi« hört man, manchmal »Öschi« und seit dem Fund der Gletschermumie auch »Ötzi«. Schlimmer als diese Nord-Süd-Begriffe sind die Ost-West-Beschimpfungen »Ossi« und »Wessi«. Trotz des verniedlichenden i am Wortende können negative Emotionen mitschwingen. Manchmal werden die Begriffe erweitert zu »Besserwessi« und »Jammerossi«. »Westler« klingt leicht negativ, kann aber auch neutral sein, »Ostler« ebenfalls. »Zoni« dagegen ist abwertend. Gut, dass diese Wörter für Menschen, die auf der einen oder anderen Seite der nicht mehr existenten innerdeutschen Grenze leben, vom Aussterben bedroht sind.

Naderer Ein Naderer oder Vernaderer ist ein Verräter, Spitzel, Denunziant, Verleumder oder eine Art bösartige Petze. Pfui Deixel!

Spechtler Der Spechtler ist die österreichische Version vom Voyeur. Wer in der sprachlichen Spurensuche geübt ist, erkennt die Verwandtschaft zum Verb »spähen«. Neudeutsch sagt man »Spanner«. Ein Spinner ist aber etwas anderes.

SCHWEIZ:

Sürmu Der Sürmu oder Sürmel ist ein Dummschwätzer, ein Langweiler oder eine Nervensäge, manchmal auch ein weinerlicher Trotzkopf oder einfach ein unfähiger Mensch. Das grimmsche Wörterbuch verzeichnet »Surm« als süddeutsches Wort für »Lärm, Krach, Geräusch«. Kein Wunder, dass die beherrschten Schweizer darauf allergisch reagieren.

Galöri Ein Galöri ist ein Dubel, Schlufi, Tschumpel, Wappler, für Bundesdeutsche ein Trottel, Depp, Dummkopf. Hier steckt wohl auch der Löli (siehe unten) drin.

Cheib Der Cheib oder Chaib kommt selten allein – in der Regel wird er von einem Adjektiv begleitet: Ein bleeder oder tommer Chaib ist ein böser, lästiger Kerl. Das Wort ist verwandt mit dem Verb »keifen«, das so viel wie »zanken«, »zetern« und »bösartig und mit schriller Stimme schimpfen« bedeutet.

Löl Ein Löl, Löli oder Lööl ist schlicht und einfach ein Dummkopf. Im Südwesten Deutschlands gibt es den Lole oder Lohl mit dunklem Vokal, in der Aussprache zwischen a und o. Überall im deutschsprachigen Raum und darüber hinaus kennt man die Abkürzung »LOL« für *laughing out loud* (»laut auflachen«). Der Löl gibt einem, wenn er sich wieder einmal besonders dämlich anstellt, sicherlich Grund dazu. Trotzdem haben beide etymologisch natürlich rein gar nichts miteinander zu tun.

Tüpflischysser Die Schweizer sind als Perfektionisten bekannt, wenn nicht gar als Pedanten. Doch sie spalten keine Haare und zählen keine Erbsen. Stattdessen werden Tüpfelchen geschissen. Größe und Gewicht dürften mit den Korinthen vergleichbar sein, die deutsche Paragrafenreiter und Kleinkrämer produzieren.

»NENN MICH NICHT >SHUNADVOKATIS<!«

Schimpfen in anderen Sprachen

KUTWPJESt

Einleitung

In jeder Kultur und somit in jeder Sprache wird und wurde geschimpft. Es gibt dafür Zeugnisse aus längst ausgestorbenen Sprachen. Das älteste belegte Schimpfwort ist mehrere 1000 Jahre alt, stammt aus dem alten Indien und ist »Hund«. In manchen Kulturen gilt der Hund als unrein, in anderen ist er der beste Freund und Gefährte des Menschen. Letzteres schützt ihn, wie wir am deutschen Sprachgebrauch sehen, nicht davor, nebenher auch als Schimpfwort herhalten zu müssen, was weltweit so ist. Von den antiken Römern haben wir ganze Listen mit Schimpfwörtern, lateinische natürlich. Nun ist Latein nicht ganz ausgestorben, im Vatikan lebt es noch ein kleines bisschen. Allerdings sollte man annehmen, dass Schimpfen und Fluchen dort keine besonders große Rolle spielen, oder etwa doch? Auch ganz junge Sprachen haben Beleidigungsausdrücke – so das etwas über 100 Jahre alte und somit extrem junge Esperanto oder die noch jüngeren Kunstsprachen Elbisch und Klingonisch. Dass auch Gebärdensprachen über ein reiches Repertoire an Schimpfwörtern verfügen, verwundert nicht. Man denke nur an die in diesem Buch nur sporadisch erwähnten Gesten wie Stinkefinger, Vogelzeigen, Scheibenwischer oder Arschlochgeste. Sprach- bzw. Kulturvergleiche, was das Schimpfen, Fluchen und Beleidigen betrifft, gibt es zuhauf. Akademische Untersuchungen sind dabei seltener als populärwissenschaftliche volkspsychologisierende Schriften. Was in den einen wie den anderen klar wird: Schimpfen ist universell; abwertende Ausdrücke für Dinge und Menschen sind in allen Sprachen zu finden. Allerdings stellen interessierte Laien wie Experten fest, dass in einigen Kulturen mehr und differenzierter geschimpft wird als in anderen. Zu den Meistern des Schimpfens gehören, glaubt man dem Vater der Schimpfwissenschaft Reinhold

Aman, die Juden. Vor allem die osteuropäischen seien Weltmeister der fantasievollen Schimpfsprachschöpfung. Häufiger als konkrete Schimpfwörter für unliebsame Menschen sind allerdings aus mehreren Wörtern bestehende Flüche wie zum Beispiel: »Berühmt sollst du werden – man soll eine Krankheit nach dir nennen!« Die Russen als größte Sprachgruppe im Osten Europas haben ebenfalls eine einzigartige Fluchkultur. Es gibt gar eine Sprachform, eine Art vulgärsprachlichen Schimpf-und-Fluch-Dialekt mit dem Namen »Mat«. Dort findet man die wüstesten obszönen Wörter und Muster zur Bildung von komplexen Ausdrücken. Andere Völker sind schimpfsprachlich weniger kreativ. Als Beispiel für die Abwesenheit von Kraft- und Schimpfausdrücken wird oft das Japanische genannt. In der Tat gibt es in dieser Sprache kaum Schimpfwörter. Über Methoden, Ablehnung oder fehlenden Respekt auszudrücken, verfügt sie aber sehr wohl. Auch die indigenen Sprachen der Südsee und des amerikanischen Doppelkontinents gelten als eher zurückhaltend, was das verbale Erniedrigen und Beleidigen angeht.

Die Sprachen und Kulturen der Welt unterscheiden sich aber nicht nur im Popularitätsgrad des Schimpfens, sondern auch in der Art der beleidigenden Wörter. Schimpfwörter werden selten als solche geboren, sondern beginnen ihre Geschichte in der Regel als neutrale, »unschuldige« Ausdrücke für Dinge oder Lebewesen, was sie parallel oft auch noch bleiben, zum Beispiel der schon erwähnte Hund. »Hure« dagegen ist in den meisten Sprachkreisen ein Schimpfwort, und zwar schon ziemlich von Anfang an, und »Arschloch« überall. Die sogenannten Quellbereiche für Schimpfwörter sind Sexualität, Körperausscheidungen/Fäkalien, Religion, Krankheit und Tod, Fremd- und vor allem Feindkulturen sowie das Tierreich. Allerdings ist es von Sprache zu Sprache, von Kultur zu Kultur sehr unterschiedlich, welche dieser Bereiche dominant sind und welche eher marginal. Dem Deutschen wird nachgesagt, besonders »arschfixiert« und damit eher fäkal geprägt zu sein; im verwandten

Niederländischen sind Krankheiten beim Schimpfen so prominent wie sonst nirgends. Die romanischen Sprachen wie Französisch, Italienisch oder Spanisch, aber auch das zu den germanischen Sprachen zählende Englisch strapazieren besonders das Sexuelle und dabei vor allem das Weibliche. Bei allen Unterschieden zeigen sich aber (nicht nur) in den westlichen Sprachen viele Gemeinsamkeiten. Im Folgenden finden sich einige typische oder besonders interessante Schimpfwörter aus »näheren« Sprachen, die man auch bei uns zuweilen hört.

Falsche Freunde

Das Kommunizieren in fremden Sprachen bietet stets Gelegenheiten für Irrtümer und Missverständnisse. Beim Schimpfen und Fluchen ist die Gefahr, Wörter zu verwechseln und Ausdrücke zu missdeuten, besonders groß. In diesem Kapitel wird daher immer wieder die Rede von falschen Freunden sein. Wenn man eine fremde Sprache lernt, als Deutschsprechender zum Beispiel Französisch, dann sind einem Wörter wie *septembre*, *garage* oder *photo* hochwillkommen: Man versteht sie ohne Probleme und lernt sie schnell, sie sind gute oder echte Freunde. Sie sehen ähnlich aus, klingen meist ganz ähnlich wie die entsprechenden deutschen Wörter und bedeuten auch dasselbe. Manchmal aber hört sich ein Wort ähnlich oder gleich an, bedeutet aber ganz etwas anderes: Englisch *gift* heißt bekanntlich nicht »Gift«, sondern »Geschenk«, *pregnant* heißt nicht »prägnant«, sondern »schwanger«, und das italienische Wort *caldo* heißt nicht etwa »kalt«, sondern im Gegenteil »warm«. Französisch *potence* heißt nicht »Potenz«, sondern »Galgen«, und eine *tablette* ist keine Arznei in Pillenform, sondern bedeutet »Brett« oder »Tafel«. Solche Wörter sind dann falsche Freunde.

ENGLISCH:

*Englischsprechende – zumindest jüngere amerikanische – scheinen mehr zu fluchen als Deutschsprechende. Jedenfalls gewinnt man diesen Eindruck, wenn man neuere US-amerikanische Filme und Serien anschaut. Da fliegen einem die Ausdrücke nur so um die Ohren. Und selbst in Sprachseminaren an Universitäten analysiert man Phänomene wie un*fucking*believable! Bei uns noch(!) nicht denkbar: un*verfickt*glaublich. Viele Wörter versteht man; sie können auch bei uns in einem Streit leicht einmal fallen: »Motherfucker!« »Bitch!« »Bastard!« »Pussy!« »Jackass!« »Silly cow« … Andere sind noch nicht ins Deutsche »eingewandert«. Dazu gehört …*

cunt Es ist verlässlichen Angaben zufolge das schlimmste englische Schimpfwort überhaupt (gefolgt von *nigger* und *motherfucker*). Am treffendsten übersetzt man es wohl mit »Fotze«. Neutral oder zumindest ursprünglich ist es die Bezeichnung für die äußeren primären Geschlechtsorgane der Frau. Man kann es kaum glauben, aber Menschen, die sowohl das Deutsche als auch das Englische ihre Muttersprache nennen, behaupten, der englische Begriff sei noch emotional aufwühlender, derber, schlimmer und stärker als der deutsche. Egal wo: in Großbritannien, Nordamerika oder Australien. Ein weiterer Unterschied scheint zu sein, dass der Begriff viel weniger auf Frauen festgelegt ist als das deutsche Wort »Fotze«. Derb, aber (fast) nicht sexistisch – immerhin!

motherfucker Wie bereits erwähnt gehört der Begriff zu den schlimmsten Beleidigungen, die die englische Sprache zu bieten hat, und somit zu den stärksten Schimpfwörtern. Im Deutschen ist der Ausdruck als Anglizismus durchaus bekannt und wird auch verwendet. Weil es keine Lehnübersetzung gibt à la »Mutterficker«, wird er hier als weit weniger stark empfunden. Ähnliches gilt für die folgenden Wörter:

bitch Wir hatten die Bitch (deutsch »Hündin«) schon im Kapitel über jugendliches Schimpfen (siehe Seite 48). Im Englischen wie im Deutschen wird der Begriff als sehr heftige Beleidigung für eine zickige, fiese Frau verwendet. Manchmal, wenn auch selten, hat das Wort auch einen ironisch-freundlichen Klang.

bastard Beim *bastard* ist ähnlich wie im Deutschen die ursprüngliche Bedeutung verblasst (siehe Seite 50). Die Bezeichnung für einen illegitimen oder ungewollten Nachkommen ist heute auf jede Person anwendbar, der man seine Abneigung bekunden will. Geblieben ist die Festlegung auf ein männliches Subjekt. Englische Synonym-Wörterbücher geben deshalb auch *son of a bitch* oder *arsehole/asshole* an. Und da haben wir es auch schon:

arsehole · asshole Die zweifellos treffendste Übersetzung dieses eher unspezifischen Ausdrucks für einen Menschen, den oder dessen Verhalten man nicht sonderlich schätzt, ist »Arschloch«. Dabei ist *arsehole* die britische (oder nicht amerikanische) Variante, die quasi wörtlich funktioniert, weil *arse* nun mal »Arsch« bedeutet. *Asshole* ist amerikanisch, und *ass* klingt zwar so ähnlich wie »Arsch«, heißt aber »Esel« von lateinisch *asinus*. Wie »Esel« im Deutschen ist *ass* auch für sich schon ein mildes Schimpfwort für Dumme oder Bornierte. Interessant am *arse-* oder *asshole* ist auch, dass, obwohl das Englische über kein grammatisches Geschlecht verfügt, wie beim deutschen, sächlichen »Arschloch« fast ausschließlich Männer mit dem Ausdruck assoziiert werden.

jackass *Jackass* ist erst recht ein Schimpfwort für Männer. Jack ist eine Kurz- oder Koseform für John, einen typischen männlichen Namen, der unserem Hans entspricht. Insofern lässt sich der Ausdruck am ehesten mit »Herr Esel« oder »Eselmann« übersetzen. Populär ist auch bei

KUTWIJF ST

uns die MTV-Sendung »Jackass«, wo scheinbar völlig wahnsinnige Typen (in Wirklichkeit Stuntprofis) die gefährlichsten oder abwegigsten Dinge zum Vergnügen des Publikums tun.

pain in the neck Autsch – das tut weh! *Pain in the neck* bzw. *pain in the arse* oder *pain in the ass* sind absolut gängige Begriffe, wenn über jemanden negativ gesprochen wird. Eine Person, die alle nervt, ist eben ein »Schmerz im Nacken« oder etwas derber ein »Schmerz im Arsch«. Am Ausdruck *pain in the ass* sieht man übrigens gut, dass der Esel langsam in einen Arsch gesprachwandelt wurde. »Schmerz im Esel« macht ja metaphorisch nicht viel Sinn. Und für einen Esel mit Bauchweh gibt es sicherlich treffendere Beschreibungen.

fatso Man hört es und tatsächlich ist es wohl auch so: Die Quelle dieser rüden Beleidigung eines übergewichtigen Menschen ist ein deutsches Wort. Welches, darüber wird gestritten. Ist es »Fettsau« (wobei wir eher »fette Sau« sagen würden) oder »Fettsack«? Eins ist schmeichelhafter als das andere.

wanker · jerk Auch im Englischen ist »Wichser« kein bedauerndes Trostwort für einen einsamen Mann, der mit sich selbst zufrieden sein muss, sondern ein Schimpfwort, das einen unsympathischen, niederträchtigen und immer männlichen Zeitgenossen bezeichnet.

stupid cow · silly cow Im Kapitel über (angeblich) dumme und hässliche Menschen ist uns die blöde oder dumme Kuh schon über den Weg gelaufen (siehe Seite 91 f.). Dort war nachzulesen, dass in manchen Kulturen die Kuh als heilig gilt oder einfach als lieb und sie deshalb nicht als Patin für dämliche Zeitgenossinnen herhalten muss. Andersherum denken viele Deutsche, ihr »du blöde Kuh« sei idiomatisch, also typisch deutsch und somit nicht in andere Sprachen übertragbar. Das stimmt aber nicht. Im Englischen ist es sehr wohl möglich, wenn auch nicht fein, jemanden als *stupid cow* oder *silly cow* zu bezeichnen.

ITALIENISCH:
Italiener haben ein echtes Talent zum Schimpfen. Lautstark und gestenreich ist ihr Sprachverhalten sowieso – das sind die besten Voraussetzungen. Eine der hierzulande bekanntesten Schimpftiraden (zu empfehlen das Youtube-Video) auf Italo-Deutsch stammt vom italienischen Fußballtrainer Giovanni Trappatoni. In einer Pressekonferenz beschwerte er sich höchst temperamentvoll über die Spieler der FC Bayern München, regte sich über Strunz (stronzo?) auf und kreierte die legendären Aussprüche: »schwach wie eine Flasche leer« und »Ich habe fertig!« Ohne Zweifel können wir von den Italienern lernen.

stronzo *Stronzo* ist eines der gebräuchlichsten Schimpfwörter im Italienischen, vielleicht das häufigste überhaupt. Im Deutschen würden wir es am ehesten mit »Stück Scheiße« übersetzen oder vielleicht mit »Miststück«. Allerdings ist *stronzo* nicht so derb und verletzend, sondern etwa so harmlos wie »Blödmann«.

cazzo · testa di cazzo · cacacazzo *Cazzo* ist der Schwanz. Wenn es so richtig emotional zugeht, ist das Wort – obwohl ordinär – extrem beliebt. Wenn etwas schiefgegangen ist, ruft man *cazzo* im Sinne von »Kacke!« oder »Mist!«. *Che cazzo di tempo* heißt »Was für ein Scheißwetter!« und *Che cazzo fai/dici* (wörtlich »Welchen Schwanz machst/sagst du?«) meint »Was machst du denn für 'n Scheiß?« bzw. »Was für eine Scheiße erzählst du da?«. Und natürlich kommt *cazzo* auch in echten Schimpfwörtern vor: *Testa di cazzo* (wörtlich »Schwanzkopf«) bedeutet in etwa »Arschloch«. In *cacacazzo* verbindet sich der *cazzo* mit *caca* (nichts anderes als Kacka) zum »Kackschwanz« oder »Scheißdödel« und bedeutet so viel wie Nervensäge.

GET OFF ME,
FATSO!
... I HATE
INTELLIGENT
TECHNOLOGY!
Heiler

figlio di puttana Natürlich haben auch die Italiener den Hurensohn im Schimpfrepertoire. Man sollte sich als Deutsche(r) nicht täuschen lassen. Auch wenn der Ausdruck klingt wie ein leckeres Gericht oder der Titel einer Belcanto-Oper – er ist nicht nett gemeint!

bastardo und bestia Auch ohne sprachliche Vorkenntnisse versteht der Italientourist diese Wörter. *Bastardo* ist sehr gebräuchlich, zwar schon alt, aber unter Jugendlichen immer noch beliebt. Im Prinzip entspricht der Ausdruck unserem Bastard (siehe Seite 50). Die *bestia* ist dagegen nicht mehr so verbreitet. Im Deutschen haben wir zwei Entsprechungen: »Bestie« und »Biest«. Die ursprüngliche Bedeutung ist schlicht »Tier«. Die gemeinte Bedeutung reicht von »unmenschlich-brutal« über »Ungeziefer« bis hin zu »dumm, blöde«.

SPANISCH:

Derbes Schimpfen gehört zur Sprachkultur zumindest der europäischen Spanischsprechenden. Sogar im offiziellen Fernsehen wird wild geschimpft und geflucht. Lateinamerikaner sind manchmal über so viel Obszönität erstaunt und Nordamerikaner müssten im TV bisweilen mehr »überpiepen« als an Zumutbarem übrig bliebe.

gilipollas E fängt schon gut an: *La polla* ist das Glied oder stilistisch entsprechender der Schwanz. Wofür *gili-* steht, weiß kein Mensch. Aber jeder versteht, was gemeint ist, wenn er mit *gilipollas* beschimpft wird. Es heißt nämlich so viel wie »Arschloch«, »Blödmann« etc. Es geht aber auch netter: Ähnlich wie wir eine mildere »Verdeckungsform« für Arschloch haben, nämlich den Armleuchter, gibt es im Spanischen das Wort *gilipuertas*. Hier folgt dem ominösen gili- ein höchst unschuldiges Wort, dessen einziges Verbrechen es ist, ebenfalls mit p zu beginnen: *puerta(s)*, »Tür(en)«.

mamón Noch viel unschuldiger ist das Wort *mamón*, das zuerst einmal »Milchzahn« bedeutet; *niño mamón* ist das »Milchzahn-Kind«, also das Baby oder der Säugling. Es klingt ein bisschen wie »Memme« und ist auch etymologisch damit verwandt. Regional kann es tatsächlich im Sinne von »Muttersöhnchen« oder »Weichei« gebraucht werden. Normalerweise ist es aber ein ausgesprochen derbes Schimpfwort mit der weiblichen Form *mamona*, das »Arschloch« bedeuten kann, »Wichser« oder wegen des Bezugs zur Flüssigkeitsaufnahme auch »Säufer« oder »Säuferin«.

cabrón Als Vertreter der spanischen Fauna tritt hier der Ziegenbock auf. *Cabrón* ist ein sehr gebräuchliches Schimpfwort mit der Bedeutung »Arschloch« oder auch etwas spezieller als Bezeichnung für den betrogenen Ehemann, den man im Deutschen früher auch als »Gehörnten« bezeichnete.

hijo de puta Der Hurensohn kommt wie in vielen anderen Sprachen und Kulturen natürlich auch im Spanischen vor. Er taucht schon bei Cervantes im »Don Quijote« auf und ist heute in diversen Song- und Filmtiteln präsent.

FRANZÖSISCH:

Vom 17. Jahrhundert an war Französisch für lange Zeit die internationale Sprache des Adels, der Gebildeten und Feinen. Voltaire schrieb aus Preußen nach Frankreich: »Hier spricht man nur unsere Sprache. Das Deutsche ist bloß für Soldaten und Pferde.« Inzwischen hat das Französische an Bedeutung verloren, aber den Ruf, eine vornehme, raffinierte Sprache zu sein, besitzt es nach wie vor. Es ist daher nicht als Parade-Idiom fürs Fluchen und Schimpfen bekannt; einschlägige Ausdrücke kennt die Sprache unserer westlichen Nachbarn aber dennoch. Wir beginnen mit Beispielen für französische Beleidigungen, die man auch als Deutschsprecher/-in versteht, ohne je einen Fuß in einen

Französisch-Volkshochschulkurs gesetzt zu haben; danach folgen geläufige Kraftausdrücke, die man kennen sollte, wenn man sich in Frankreich daneben benehmen will.

idiot · débil Natürlich sind damit Idioten und Debile gemeint, und zwar wie im Deutschen beileibe nicht nur geistige Tiefflieger, sondern generell Leute, die sich unmöglich benehmen oder benommen haben: Arschlöcher, Wichser, blöde Kühe usw.

crétin Als *crétin* werden hingegen vornehmlich Unwissende und (vermeintlich) dumme Menschen bezeichnet (siehe auch Kretin, Seite 83).

poufiasse · putain Beides heißt »Hure« oder »Nutte« und ist als Beleidigung ähnlich zu verstehen wie im Deutschen. *Putain* ist der bekanntere und extrem gebräuchliche Begriff. Er kann auch in ärgerlichen Situationen verwendet werden, ohne eine Person zu bezeichnen, ähnlich wie bei uns »Scheiße!« oder »Mist!« Das können unsere Nutte oder Hure nicht. *Poufiasse* ist ein eher seltenes Wort, aber interessant, weil es einen deutschen Bestandteil hat: den Puff.

salaud · salope Nein, mit Salat hat das nichts zu tun, dafür aber mit einem etwas saloppen Verhältnis zur Reinlichkeit. Beide Wörter enthalten *sale*, was »schmutzig« oder »dreckig« bedeutet. Ähnlich wie beim Dreckskerl oder bei der Dreckschlampe kann eine unreinliche Person gemeint sein, meist ist allerdings ein moralisch »unreiner«, gemeiner Mensch gemeint. Das deutsche Wort »salopp« gehört zur gleichen Familie, hat aber eine abweichende Bedeutungsentwicklung genommen und bedeutet im modischen Kontext so viel wie »betont bequem«, im gesellschaftlichen Kontext »zwanglos«. Das hat mit dreckig oder unmoralisch so wenig zu tun, dass man gut und gern von falschen Freunden sprechen kann (siehe Seite 136).

KUTWIJF S

couille molle · casse-couilles Die Verachtung für vermeintlich schwache, sensible Männer seitens ihrer Geschlechtsgenossen, aber nicht nur der, kennt man auch in Frankreich. *Couilles* ist der saloppe Ausdruck für »Hoden«, in etwa vergleichbar mit »Eier« oder »Nüsse«, und *mou* (maskulin) bzw. *molle* (feminin) heißt »weich«. *Couilles molles* sind also die französischen Weicheier, Warmduscher, Schlappschwänze, Schisshasen usw. *Casser les couilles* heißt wörtlich »die Eier zerbrechen« und übertragen so viel wie »jemanden nerven«. Eine *casse-couilles* ist somit eine Nervensäge, die einem echt auf den Sack geht.

pompe à vélo Wie konnte nur ein so nützliches Gerät wie die Luftpumpe zum Schimpfwort werden?! Ihre Aufgabe ist die Produktion von Luft, was für den Fahrradfahrer von höchstem Nutzen und Gewinn ist. Weniger Gewinn hat derjenige, der eine menschliche *pompe à vélo* ertragen muss, einen Schwätzer, einen, der nur heiße Luft (um nichts) produziert.

tête de nœud · gland Ein Brett vorm Kopf, ein Knoten im Hirn – das läuft so ziemlich auf dasselbe hinaus: Geradeausdenken wird zum echten Problem. Entsprechend ist ein *tête de nœud* (wörtlich »Knotenkopf«) ein Dummkopf, Blödmann, Schwachkopf, Idiot. *Tête* heißt »Kopf« und kommt entsprechend in Schimpfwörtern für Leute mit wenig oder gar keinen Grips häufig vor. *Gland* dagegen heißt »Eichel« und ruft bei allen französischen Muttersprachlern die Assoziation mit dem oberen Penisabschnitt hervor. Ein schwanzgesteuerter Mann hat meist sein Gehirn ausgeschaltet; das ist wohl die Metaphorik hinter dem Schimpfwort *gland*. Was im Übrigen auch gebildeten Muttersprachlern oft entgeht, ist, dass *nœud* neben »Knoten« auch »Eichel«, also »Peniskopf«, bedeutet hat und auch immer noch bedeuten kann.

con *Con* (englisch *cunt*, deutsch Fotze, russisch *pizda* usw.) ist eines der häufigsten Schimpfwörter. Andere Formen sind *conne*, *connard* und *connasse*. Die Bedeutung ist neben Fotze auch Arschloch und Blödmann.

enculeur de mouche Ganz wörtlich heißt das »Mückenarschficker«. Französische Wörterbücher geben als Synonym an: *coupeur de cheveux en quatre* (»Schneider-von-Haaren-in-vier«). Da fühlt man sich an den Haarspalter erinnert. Und wirklich sind diese superpedantischen Menschen gemeint, die nie fünfe gerade sein lassen können und jedes Wort auf die Goldwaage legen. Es sind die Erbsenzähler, Pedanten, Tüpflischysser ...

TÜRKISCH:

Inzwischen ist es schon eine Weile her, dass die ersten Türken nach Deutschland, Österreich und in die Schweiz einwanderten. Aber erst seit kürzerer Zeit macht sich der sprachliche Einfluss dieser Zuwanderer auf das Deutsche bemerkbar. Unter Jugendlichen ist etwa der Ausdruck »Aslak« gebräuchlich. Hier kommen noch einige andere potentielle Wort-Zuwanderer.

aptal · salak · gerizekalı Leute, die wenig in der Birne haben oder zumindest diesen Anschein erwecken, gibt es also auch in der Türkei. Diese drei häufigsten türkischen Schimpfwörter entsprechen deutschen Begriffen wie »Blödmann« oder »Dummkopf«. *Gerizekalı* bedeutet wörtlich so viel wie »(geistig) Zurückgebliebene(r)«. *Salak* ähnelt dem neudeutschen »Aslak«, welches auf das türkische Wort *asalak* zurückgeht, was ursprünglich »Parasit« oder »Schmarotzer« bedeutete, heute aber genereller verwendet wird (siehe Seite 55). Dennoch sind *salak* und *asalak* zwei verschiedene Wörter, die auch sprachgeschichtlich nichts miteinander zu tun haben.

KUTWIJF S

orospu · orospu çocuğu Die Hure oder Nutte, türkisch *orospu*, ist, wie sollte es anders sein, ein Schimpfwort für Frauen, mit deren Lebenswandel man nicht einverstanden ist. Schlimmer und vor allem auf Männer anwendbar ist *orospu çocuğu*, der Hurensohn oder wörtlich eigentlich das »Hurenkind«. Sohn, also männlicher unmittelbarer Nachkomme, heißt *oğul*. Dieses Wort taucht im Hurensohn nicht auf, ist dafür aber Bestandteil eines interessanten Musters: Wie in vielen Sprachen müssen auch im Türkischen Tiernamen häufig als Schimpfwörter herhalten: Als *öküz* (»Ochse«) werden dumme, vulgäre Menschen beschimpft, der *ayı* (»Bär«) gilt als tölpelhaft und ungeschickt, und ganz allgemein *hayvan* (»Tier, Vieh, Bestie«) nennt man unbeherrschte, hemmungslose Zeitgenossen. Um die Beleidigungswirkung zu verstärken, wird die Folge Tier – Sohn von – Tier gebildet: *itoğluit* (Hund – Sohn von – Hund), was man vielleicht mit »Hundesohn« übersetzen könnte, oder *eșșoğlueșșek* (Esel – Sohn von – Esel) = »Quadrat-Esel«.

göt Der Klassiker unter den Beleidigungen: Arsch heißt auf Türkisch *göt*, was klanglich an einen deutschen Klassiker erinnert, der im Titel einer der erfolgreichsten Jugendkomödien der letzten Jahre eine prominente Rolle spielte: »Fack ju Göhte«. Es wurde in den vielen Besprechungen und Kritiken kaum thematisiert, dass der Filmtitel für türkisch(-deutsch)e Ohren sehr nach Analverkehr klingen muss.

RUSSISCH:

Russen sind Weltmeister im Schimpfen und Fluchen. Wie schon erwähnt, gibt es einen speziellen Schimpf-und-Fluch-Dialekt im Russischen mit den Schlüsselbegriffen chui *(»Schwanz«),* pisda *(»Fotze«),* jebat' *(»ficken«) und* bljad' *(»Hure«). Wie man sieht, ist das Repertoire ein bekanntes, aber auch ein besonders obszönes. Die Russen können aber auch moderater schimpfen.*

RONZO GÖT

durak Eines der gebräuchlichsten und bekanntesten Schimpfwörter ist *durak*, was so viel wie »Dummkopf« heißt. Die weibliche Form *dura* ist kürzer als die männliche, die aber ungleich häufiger verwendet wird. Dass die feminine Variante kürzer ist als die entsprechende maskuline, ist in vielen Sprachen extrem selten. Im Deutschen gibt es eigentlich nur zwei solche Wörter und die sind, wie es der Zufall will, fast so etwas wie Schimpfwörter: Das eine ist »Hexe«, das andere »Witwe«. Nun ist »Witwe« in den wenigsten Sprachen ein Schimpfwort, außer im klassischen Hebräisch vielleicht. Allerdings werden nicht nur Frauen, deren Ehemann verstorben ist, so genannt, sondern auch letzte Zeilen eines Absatzes, die allein auf einer neuen Spalte oder Seite stehen. Ein anderer Ausdruck für diese typografischen Einzelgänger ist »Hurenkind«, manchmal auch »Hundesohn«. Und das sind nun wirklich Schimpfwörter.

pisda Wenn man in einer anderen Sprache deftig schimpft, aber die Aussprache nicht beherrscht, macht man sich ganz schnell lächerlich. Daher sei hier vorangestellt: Wer eine Russin unbedingt als »Fotze« beschimpfen will (vielleicht lässt es sich ja doch vermeiden), der sollte wissen, dass das s in *pisda* stimmhaft ausgesprochen wird, wie in Saft oder Samt. Das gleiche gilt für die fast noch rüdere vermännlichte Form *pisdez*, die man etwa mit »Fotzer« oder »Möserich« übersetzen müsste. Das männlich Geschlechtsteil *chui* (Schwanz) kommt beim Schimpfen ebenfalls oft vor, allerdings werden selten Menschen so beschimpft.

sobaka Zum Hund (siehe Seite 90) haben viele Kulturen ein ambivalentes Verhältnis: Mal ist er der beste Freund des Menschen, mal wird er zum Beleidigen unangenehmer Zeitgenossen missbraucht. Im Russischen gibt es besonders viele Varianten: *Sobaka* ist der Hund, *kobjel'* der Rüde, *suka* (oder in Verkleinerungsform *sutschka*) die Hündin und *schtschinok* ein junger Hund oder Welpe. Neben ihrer »tierisch-hündischen« Bedeutung werden alle diese Wörter auch als Schimpfwörter benutzt. Während *sobaka* eine mild-negative Bezeichnung für eine Person ist bzw. ein verhältnismäßig harmloser Fluch, und *schtschinok* in der Bedeutung »Frechdachs«, »Lausbub« oder »Göre« noch nicht zu den ganz schlimmen Beleidigungen gehören, sind *suka* und *kobjel'* schon ziemlich heftig. *Kobjel'* bedeutet ursprünglich »untreuer Mann«, während *suka* vieles heißen kann, von »verflixt« bis »Schlampe« oder eben »Bitch«.

blin • bljad' Statt einer Torte wirft man in Russland anderer Menschen verbal Pfannkuchen an den Kopf. Denn *blini* (Singular *blin*) sind nichts anderes als das, ein beliebtes Gericht der russischen Küche, dessen Hauptbestandteil ein Teigfladen ist. Aus irgendeinem Grund besitzt dieser das Potenzial zum Schimpfen. Der Ausruf *blin!* kommt unserem »verflixt!« oder »verdammt!« gleich. Und nicht selten wird das harmlose *blin* an Stelle des ziemlich heftigen Ausdrucks *bljad'* benutzt, welcher »Nutte« oder »Hure« bedeutet. So wird aus dem Pfannkuchen ein unflätiges Schimpfwort.

POLNISCH:

Viele wohlerzogene Polen, die sich in Ländern mit schimpfaffiner Kultur niedergelassen haben, behaupten steif und fest, nie oder zumindest fast nie zu fluchen, was sie von ihrer neuen sprachlichen Umgebung unbedingt unterscheide. Das könnte ein Trugschluss sein. Der bekannteste polnische Gewährsmann für gute, richtige und korrekte Sprache ist Professor Miodek. Und der behauptet, dass das Wort kurwa *(wörtlich »Hure«, sinngemäß »Scheiße«) das häufigste polnische Wort sei. Zur Entschuldigung der Polen muss man jedoch hinzufügen, dass dieses Wort inzwischen manchmal sogar positiv-anerkennend verwendet wird.*

dupek *Dupek* kommt von *dupa*, was »Arsch« heißt. *Dupek* heißt dann im Kontext so viel wie »Du Arsch!« oder »Arschloch«. Das Wort wird prinzipiell nur für Männer gebraucht.

pizda Polnisch *pizda* ist nichts anderes als die russische *pisda*: Fotze. Bei unseren östlichen Nachbarn kann man das auch verhältnismäßig leicht zu Männern oder über Männer sagen.

Kurwa · skurwysyn Auch das Polnische hat die Hure (*kurwa*) und den Hurensohn (*skurwysyn*). Trotz der klanglichen Ähnlichkeit von Hure und *kurwa* (im Deutschen haben wir oft ein H, wo andere, entfernt verwandte Sprachen ein K setzen) stammen sie von ganz verschiedenen Wörtern ab. Hure, das wurde schon besprochen, geht auf ein nicht mehr nachgewiesenes Adjektiv mit der Bedeutung »lieb, teuer« zurück. *Kurwa* dagegen ist verwandt mit dem Wort für Huhn. *S-kurvy-syn* bedeutet wörtlich »von – der Hure – Sohn«, kurz: der Hurensohn. Die Wortherkunft ist also verschieden, der Gebrauch von *kurwa*/Hure und *skyrwysyn*/Hurensohn dagegen vergleichbar. Bis auf eine Ausnahme: *kurwa* wird zusätzlich auch als Fluch verwendet, entsprechend unserem »Mist!«, »Verdammt!« oder »Scheiße!«. Manchmal ist damit aber auch ein »Wow!« oder »Geil!« gemeint.

NIEDERLÄNDISCH:

Unsere Nachbarsprache, die dem Deutschen in vielem so ähnlich ist, unterscheidet sich in ihrem Schimpfwortschatz überraschenderweise deutlich von unserem. Das Niederländische ist bekannt für seine Vorliebe für Krankheiten, wenn es ums Schimpfen und Fluchen geht. Aber natürlich sind einige der gebräuchlichen Schimpfwörter für Deutschsprechende leicht verständlich.

Klootzak Hier erkennt das geübte Auge oder Ohr den Klötensack oder Eiersack. Vor uns haben wir ein gebräuchliches Schimpfwort für einen Sacktreter, also eine Nervensäge – meist natürliche eine männliche. Das Wort ist aber so allgemein, dass es auch als generelle Beleidigung wie »Arschloch« oder »Idiot« durchgeht. Gern wird es auch verwendet, wenn man über jemanden schimpft: *Wat een klootzak!*

KUTWIJF ST

Kutwijf Mindestens auf den zweiten Blick erkennt man hier das Kotweib, also die Scheißfrau. Gemeint ist aber keine Toilettenfrau, sondern ganz allgemein eine unangenehme weibliche Person.

hondenlul Auf jeden Fall ist der erste Teil des Wortes erschließbar: Hund. *Lul* heißt so viel wie »Schwanz«. Geprägt wurde das Schimpfwort von einem Fußballer, der es zum Schiedsrichter sagte. Als Konsequenzen drohten, versuchte er, sich damit herauszureden, das viel unschuldigere Wort *onbenul* gemeint zu haben. Das heißt einfach »Dummkopf«. Heute hört man manchmal (im Stadion): »ha-ho-hondenlul …«

Das Auffällige am niederländischen Schimpfen *ist der Bezug zu Krankheiten. Offensichtlich ist es etwas besonders Verabscheuungswürdiges, krank zu sein. Auf Deutsch heißen alle folgenden Ausdrücke so etwas wie »Blödmann«, »Dreckskerl«, »Arschloch« oder »dumme Kuh«:* tyfushond *(»Typhushund«),* pestkop *(»Pestkopf«),* pokkelijer, *»Pockenkranker«,* kankerwijf, *(»Krebsweib«). Üblich ist es auch, einem anderen die Pest an den Hals zu wünschen:* Krijg de klere *– »Krieg die Cholera!«*

INTERESSANTES AUS ALLER WELT:
Wenn man sich Sprachen anschaut, die in entfernteren Gegenden gesprochen werden, und sich somit Kulturen zuwendet, die für uns exotisch sind, findet man bisweilen sehr Lustiges und Unerwartetes im Schimpfwortbereich. Es folgen ein paar Kostproben, die einladen, auf eigene Faust weiterzuforschen.

Amharisch: silbabot Äthiopien, woher dieses Schimpfwort stammt, ist menschheitsgeschichtlich von einiger Bedeutung: Hier entstand eine der frühesten Hochkulturen, das sagenhafte Reich der biblischen Königin von Saba wird traditionell hier verortet, und der Sohn, den sie mit König Salomo hatte, soll die Bundeslade des Volkes Israel nach Aksum gebracht haben. Früh etablierte sich hier das Christentum. Und scheinbar gedieh hier auch die Schimpfkultur: Der amharische Ausdruck *silbabot* bezeichnet die »Haut (oder Sahne) auf meiner warmen Milch«. Auch wenn sich manche Kinder davor ekeln – eigentlich ist sie das Beste des Getränks. Insofern haben wir es hier mit einer ironischen Verwendung zu tun: Ein positiver Begriff wird als Schimpfwort gebraucht.

Arabisch: (ya) Kalb *Ya kalb* – »du Hund!« *Kalb* (in anderen arabischen Dialekten *kalib* oder *kelb*) ist eine Art falscher Freund (siehe Seite 136), denn mit *ya kalb* redet man mitnichten ein junges Rind an, sondern beschimpft vielmehr einen Menschen als Hund, Hundsfott, Köter, Töle. »Hund« ist eines der ältesten Schimpfwörter überhaupt und in fast allen Sprachen und Kulturen anzutreffen. Im islamischen Kulturkreis, wo der Hund keinen guten Ruf besitzt, verstärkt sich die Heftigkeit des Schimpfworts noch.

Bengali: pedo pandit Auch dieses Schimpfwort aus dem Bengalischen, das in Bangladesch und Indien gesprochen wird, entpuppt sich als falscher Freund. Man mag im ersten Moment an einen »Pädo-Bandit« denken, also an einen verbrecherischen Kinderschänder. Doch die Bedeutung ist viel harmloser und eher lustig: Der *pedo pandit* ist der »Furzpriester«. Mit Glauben und Religion hat er aber wohl ebenso wenig am Hut wie unser Schweinepriester.

Brasilianisches Portugiesisch: canhão *Canhão* heißt übersetzt »Kanone«. Während man im Deutschen eine äußerst attraktive Frau, eine Sexbombe, »Kanone« nennt, bezeichnen die Brasilianer so eine hässliche Frau. Woran liegt das? Sind die Brasilianer alle überzeugte Pazifisten und verabscheuen jegliches Kriegsgerät? Die wahrscheinliche Erklärung ist viel einfacher: Im Deutschen sind »Kanone« und »Bombe« weiblich, das Wort *canhão* aber ist männlich. Das ist wohl ein wesentlicher Grund.

Chinesisch: guī érzi Poetischer als »Bastard« klingt es allemal: »Sohn einer Schildkröte« oder »Schildkrötenkind«. So beleidigte man im Reich der Mitte ursprünglich einen Mitmenschen ohne »anständige« Eltern. Aber warum? Schildkrötensuppe ist eine Delikatesse der chinesischen Küche. Das Tier selbst und sein Fortpflanzungsverhalten schätzt man offensichtlich weniger. Hals und Kopf, die aus dem Panzer hervorragen, erinnern die Chinesen an einen Penis. Zudem ist, wenn eine Schildkrötenmama Schildkrötenbabys bekommt, nicht recht nachvollziehbar, wer der Herr Papa ist. Denn Schildkröten können Samen speichern. Das heißt: einmal Sex und immer wieder Eierlegen. Jahrelang. Wer soll sich da noch an den Erzeuger erinnern? Deswegen meinte *guī érzi* anfänglich so viel wie »Bastard« oder »Hurensohn«. Inzwischen ist diese Bedeutung größtenteils verblasst und hat sich auf »Feigling« oder allgemein »Arschloch/Idiot« verlagert. Die Mutter – nicht nur die Schildkrötenmutter – ist beim chinesischen Schimpfen sehr prominent. Das liegt aber nicht (nur) daran, dass die Wörter für Schimpfen und Mutter fast identisch sind *(ma)* und sich nur durch den Tonhöhenverlauf unterscheiden.

Litauisch: shunadvokatis *Shunadvokatis* heißt wörtlich übersetzt »Hundeanwalt«. Die eigentliche Bedeutung ist allerdings »Haarspalter«, Erbsenzähler«, »Korinthenkacker«. Wahrscheinlich waren oder sind litauische Rechtsanwälte besonders pedantisch. Der Teil *shun* – also Hund – dient auch sonst dem Abwerten und Beleidigen. Denn den *shundaktaris*, wörtlich den Hundedoktor, gibt es auch. Aber das ist kein spezialisierter Tierarzt, sondern ein Menschen-Kurpfuscher oder Homo-sapiens-Quacksalber.

Völkerbeschimpfungen

Zum Thema fremdsprachliche Schimpfwörter gehören eigentlich auch die Ethnophaulismen. Auf eine längere Abhandlung haben wir hier verzichtet, denn die kann ganz schnell unappetitlich werden. Darum hier nur in Kürze ein paar Beispiele und ihre Bedeutung. Zuerst einmal: Was meint eigentlich dieser furchtbar akademische Begriff »Ethnophaulismus«? Er ist ans Altgriechische angelehnt und setzt sich zusammen aus *ethno* (»Volks-, völker-«) und *phaulos* (»wertlos, böse«). Gemeint sind Wörter wie »Polacke«, »Kümmeltürke«, »Froschfresser« etc., also abwertende Begriffe für Angehörige anderer Volksgruppen.

Es lassen sich in der Hauptsache drei Quellbereiche für die nicht ganz so schlimmen Phaulismen ausmachen. Da gibt es zum einen die recht harmlose Variante, eine Volksgruppe unter einem typischen und einfachen Personennamen zusammenzufassen. Die Deutschen zum Beispiel haben den Namen »Iwan« als typisch für Russen identifiziert und verwenden ihn immer leicht despektierlich mit Artikel: »der Iwan«. Die Russen ihrerseits nennen oder nannten die Deutschen oft »Fritzy«, also »die Fritze« oder »Fritzen«. In Polen heißen Deutsche »Helmut« oder »Helga«, was möglicherweise daher kommt, dass für unsere östlichen Nachbarn (und nicht nur für die) das h, vor allem am Wortanfang, sehr fremd und typisch deutsch klingt. Ein weiterer Quellbereich für die abwertenden Bezeichnungen der Deutschen ist die Auswahl eines »Germanenstammes«. Besonders die Schwaben müssen als Schimpfwortgeber herhalten. Nachvollziehbar ist das bei den benachbarten Schweizern, aber auch die meisten slawischen Völker machen den »Schwob« zum Allgemeinschimpfwort für die Deutschen, so die Polen, Serben und Kroaten sowie weitere Balkanvölker. Andere wie die Luxemburger sowie manche Belgier und Dänen haben eine Form von »Preuße« zum Deutschenschimpfwort gemacht. Ebenfalls die Dänen und außerdem die Finnen haben sich die Sachsen ausgeguckt.

Die dritte Quelle für harmlose Ethnophaulismen ist das tatsächliche oder vermeintliche Lieblingsgericht: So wie wir bisweilen Franzosen »Froschfresser« und Italiener »Spaghettifresser« nennen, sind wir für andere »die Kartoffel(n)«: für Spanier *los kartofel*, für Italiener *mangiapatate*. Einer der bei uns bekanntesten Begriff für die Deutschen ist das im englischsprachigen Raum verbreitete *kraut*, welches natürlich auf den Kohl- oder eben Krautgenuss der Deutschen zurückzuführen ist. Der Ehrentitel, den uns die Österreicher verliehen haben, ist »Piefke« (siehe Seite 129) und die Niederländer sagen *mof* zu oder über uns. Da Herkunft und eigentliche Bedeutung des Wortes völlig unklar sind, haben es Spaßvögel als Akronym gedeutet: **M**enschen **o**hne **F**reunde. Für Italiener sind wir Deutschen oder Deutschsprechenden allgemein auch *crucchi*, was auf das kroatische Wort für Brot *(kruh)* zurückgeht, um das die ausgehungerten Deutschen im Ersten Weltkrieg bei den Italienern gebettelt haben sollen. Und dann gibt es natürlich das französische *boche*, gesprochen »bosch«, was nichts mit der Elektrofirma zu tun hat und leider nicht die technischen Höchstleistungen der Deutschen würdigt. Vielmehr war *boche* ursprünglich die Bezeichnung für eine Holzkugel, und die Übertragung auf die Deutschen spielt auf deren Halsstarrig- und Holzköpfigkeit an. Nun ja …

Register

Verwendete Literatur

Aman, Reinhold *(1972): Psychologisch-sprachliche Einleitung in das Schimpfen/ Bayrisch-Österreichisches Schimpfwörterbuch*. München.

Bergen, Benjamin K. (2016): *What the F.* New York.

Gauger, Hans-Martin (2012): *Das Feuchte & das Schmutzige. Kleine Linguistik der vulgären Sprache*. München.

Günter, Ingke (2015): *Fadentiraden: Dokueinblick in ein gesticktes und kraftvolles Wortarchiv*. Gießen (besonders das Kapitel: Meinunger, André: *Schimpfen aus linguistischer Perspektive*).

Havryliv, Oksana (2003): *Pejorative Lexik. Untersuchungen zu ihrem semantischen und kommunikativ-pragmatischen Aspekt am Beispiel moderner deutschsprachiger, besonders österreichischer Literatur* Frankfurt (Main).

Duden. *Deutsches Universalwörterbuch*. 8., überarb. u. erw. Aufl. 2015. Berlin.

Duden. *Die deutsche Rechtschreibung*. 26., völlig neu bearb. u. erw. Aufl. 2013. Berlin

Duden. *Das Herkunftswörterbuch*. 5., neu bearb. Aufl. 2014. Berlin.

Grimm, Jakob und Wilhelm (1354–1960): *Deutsches Wörterbuch*, 32 Bde. Leipzig.

Kluge, Alexander (1883): *Etymologisches Wörterbuch der deutschen Sprache*. 23., erw. Aufl. 1999. Berlin/New York.

Pfeiffer, Herbert (1996): *Das große Schimpfwörterbuch*. Über 10.000 Schimpf-, Spott- und Neckwörter zur Bezeichnung von Personen. Frankfurt (Main).

Philippi, Jule (2010): *Zu Gast bei Freunden: Schimpfen und fluchen in 114 Sprachen*. Reinbek.

Schmauks, Dagmar (2016): *Dummheit Schimpfen – Ein Ratgeber*. Obernburg.

www.bernd-slaghuis.de
www. mundmische.de
www.studienscheiss.de